遊戲化教學

如果學習像玩 Game

探險、闖關、補血、打怪之快樂學習

汪志堅　張淑楨　游語涵

聲明與致謝

本書的部分資料曾出現在游語涵之碩士論文（台北大學資管所碩士），以及汪志堅老師的教學實踐研究計畫書。本書書稿初步成書之時，汪志堅老師的教學實踐研究正要開始執行。但本書內容與游語涵之碩士論文、汪志堅之教學實踐計畫研究計畫書並不完全相同。汪志堅與張淑楨為游語涵之碩士論文指導教授。本書討論之範例課程由張淑楨老師授課，授課場域為文化大學。在文化大學所進行的該次教學示範，並未接受教學實踐研究計畫的補助。

感謝周峰莎老師介紹使用 Classcraft 軟體。作者感謝教育部教學實踐研究計畫對於教學提升的資助，使得課程教學得以不斷精進提升。作者感謝所有參與本次課程的學生，也希望同學能在課程教學中獲得成長。

本書書稿文字由汪志堅撰寫，遊戲化教學研究由張淑楨與游語涵執行，授課老師為張淑楨老師。游語涵並以此主題為碩士論文，碩士論文文稿由游語涵撰寫，但碩士論文內容與本書並不完全相同。

本書所提及之 Classcraft，以及相關的畫面，均為 Classcraft Studios Inc. 公司智慧財產。本書僅基於介紹目的而使用畫面截圖。

序言：一起來進入遊戲化教學的世界
汪志堅

大學任教轉眼二十幾年時間，也成為了終身特聘教授。回顧這二十幾年，忙忙碌碌，研究成果是一回事，但總覺得對於老師來說，教學更是重點。如何精進教學，是老師們應該努力的方向。

我的課堂其實有些嚴肅，不太知道如何鼓勵同學，課程要求太高，對於打混摸魚的學生，常常不假辭色，這也讓學生覺得不太容易親近。有時，很佩服那些可以讓課程很歡樂的老師，很希望課堂能夠充滿趣味，但又希望學生能學到扎實的知識。

本書的成書純屬偶然。先前，周峰莎老師曾介紹遊戲化程式 Classcraft，覺得很有趣，但在台灣使用的老師不多，相關手冊或經驗分享很少。剛好，教育部正推動教學實踐研究計畫，此時心生嘗試遊戲化學習的念頭。而游語涵剛好正在尋找論文題目，在與張淑楨老師商量後，決定在他的課堂進行試辦執行。沒想到執行成果很棒，張淑楨老師成功地利用遊戲化教學提升了學生在統計學的學習成效。

野人獻曝的將這次研究成果記錄下來，下學年也將在自己的課堂執行遊戲化教學。姑且就把這本書當成一個執行紀錄，希望能跟老師們一起交流，一起來進入遊戲化教學的世界。

序言：遊戲化讓教學變得更加生動

張淑楨

　　遊戲是吸引人的。但，若能把遊戲的本質套用在不怎麼吸引人的事務上，讓一件事變得有趣，例如：遊戲化教學。在發展遊戲化教學的過程中，除了考量遊戲化教學之成就、影響力、同儕、與使命外，更需同時兼顧學習進度、教學負擔、或接受度等問題，更需避免產生更多不確定性產生，因此，介紹本書給想要導入遊戲化教學的授課老師，希望能讓更多教學變的活潑生動。

　　在本書介紹的遊戲化教學所導入之課程中，透過避免太多教學流程的改變，以原上課進度為主軸，而遊戲則是同學課後練習的工具，同學唯有積極參與課後練習，在課堂上跟同學與老師才有話聊。在導入初期，雖遇不少操作瓶頸，但年輕人對遊戲的一種熱情，讓本書介紹之遊戲化教學勇往直前。課程中，上課內容仍然枯燥乏味，但時不時的提及遊戲中的角色與設定，並鼓勵學生升級闖關，配合課堂中的競賽與加愛心活動，令學生更願意走進教室，更願意跟授課老師互動，也更讓授課過程輕鬆且愉快。

　　最後，感謝汪志堅老師邀請參與這次的遊戲化教學實作，並分享很多遊戲化經驗與實務細節。謝謝汪老師的努力，讓遊戲化教學能更多人看見。

序言：遊戲化讓學生放輕鬆學習

游語涵

雖然學習是自己的事情，但如果我們可以幫助學生減少一點學習阻力，何樂而不為？一開始所有的學生都表示，看到統計學就覺得很難，擔心自己學不好，害怕這堂課被當，課程都還沒開始就壓力山大，但在第一堂課聽到老師說有遊戲可以玩時，心情馬上就放鬆了，跟著老師進入遊戲，和同學討論遊戲，原本陰鬱的氛圍一掃而空，取而代之的是活潑熱絡的課堂。除了課堂上的心情放輕鬆了，就連課後複習的壓力也減輕了，跟著遊戲進度複習課程內容，學生更有動力去學習。

在課程開始之前，我原本有些擔心這次導入的遊戲有點簡單，會不會不夠吸引學生？但結果發現其實只要一些簡單的遊戲，就能有效地提升學生的學習動力，為了讓遊戲角色升級換裝、好奇未解鎖的遊戲寵物，學生自然而然地投入遊戲中努力通關。這樣的結果讓人驚喜，也讓我相信，只需要一點小小的改變，就能大大地改善學生的學習體驗，這樣的付出是值得的。

非常感謝汪志堅老師與張淑楨老師給我這個參與遊戲化教學實作的機會，不僅在過程中對我細細指導，還親自授課大力支持我的論文研究，使我獲益良多。希望這次研究的成果能為許多想要嘗試遊戲化教學的老師們帶來參考價值。

目錄

Chapter 1

為什麼要遊戲化教學？

滿腹經綸，滿腔熱血，全身十八般武藝，想要一股腦的、毫無藏私的傳授給學生。但是，熱臉貼冷屁股，是老師們的無奈。教學現場很容易碰到的問題，是學生三個低落：

「課堂注意力低落」、

「課堂參與低落」、

「課後自主學習低落」。

這三個低落，是教學現場所帶來的嚴酷挑戰。

　　「傳統上課真的挺無聊的，老師都按照書本上念過一回，減少與學生互動，讓大家就沒有甚麼精神上課，就會變成老師唸的書，我們會當成安眠曲一樣，容易想睡覺。」

這是實際詢問學生意見後，某個學生對於傳統上課的想法。另外一個學生則指出：

　　「如果只是照著念 Powerpoint 投影片講課，那更是令人想睡。」

此時，學生都在幹什麼呢？相信老師也都知道，根據一個學生的講法：

「我覺得無聊時，本人就是轉過頭和同學聊天打哈哈，老師如果不允許聊天，或我們講話太大聲的話，就是拿起身邊最有趣的手機。」

學生其實也是很想學習的，只是傳統課堂授課，真的很難吸引學生的目光。有一個學生就說，他已經體驗夠多這些無聊的課程了，

「無聊的課程就會讓人不知道做什麼、想睡覺之類的，到最後可能什麼都沒學習到，只知道自己度過了一堂課，非常沒有意義。」

另一個學生也指出，老師的授課方式枯燥無聊，是這中間最大的關鍵：

「傳統的授課方式真的特別無聊，我是指老師一直唸唸唸，然後又沒什麼重點的那種，會覺得聽了很想睡覺、很累，想要滑手機打發掉時間，⋯雖然新的知識也很有趣，但總是會被該課堂老師講得很無趣。」

如果「教室像電影院」！

「提升學生學習興趣」是個老掉牙、但歷久彌新的課題。早在 1962 年，北區初中聯考的作文題目：「如果教室像電影院一樣」，就提出了「提升學生學習興趣」的議題。1962 年時，台灣

還沒施行九年國民義務教育，初中必須要用考試的。但早在那個年代，老師們就觀察到了學生學習興趣低落的問題。時間過去，這個問題並沒有太多的紓解，反倒是變得更加嚴重。

沒有手機的年代，學生到學校上課時，書包要偷藏小說，不管是武俠小說、科幻小說、推理小說、言情小說，只要不是呆板的教科書，什麼都好。還有人偷藏紅樓夢、老人與海、金庸小說、倪匡科幻小說之類的名著。如果上課內容太過無聊，唯一的慰藉是藏在教科書下的另一本書。但以今天的角度來說，這些偷看小說的人，好像也不是什麼罪大惡極的事情，因為這些書籍，雖然不是課堂內容，但也還是另一種類型的學習。

手機比上課內容好玩多了

但是，行動科技與網路科技，改變了很多事情。一台手機，一付藍牙耳機，課堂授課被徹底的「翻轉」。當老師的授課內容難以吸引學生時，學生拿出手機或平板，網路上有無比豐富的內容，可以讓學生流連忘返。再加上一付藍芽手機，聲光效果堪比電影院，身歷其境不再只是形容詞，而是實況。如果採取遠距教學，學生的視訊鏡頭一關之後，到底學生在做什麼？沒有老師說

得準。如果持續採取傳統的授課方式，「課堂注意力低落」、「課堂參與低落」恐怕是常見的現象。

課堂已是如此，課後時間就更難以想像了。Online Game、Youtube、Instagram、Facebook、抖音、直播等網路活動，佔據了學生的時間。就算不在掛網，但實習打工、休閒娛樂……，一樣也佔據了很多時間。各種豐富的選擇，徹底顛覆了學生的課後時間分配。如果沒有適當的設計，課後自主學習低落，恐怕是必然的現象。

教學現場所傳授的知識，難免生硬艱澀，這些生硬的知識，即使以盡量實務的方式來進行教授，但遇到考試、作業，仍難免枯燥。如果只是一昧的增加課程趣味性，讓課程更加有趣，把教室真的搞成電影院，除了累斃老師外，課程進度會被拖累，也是可能的副作用。幾句話、幾分鐘，可以講清楚的事情，如果硬是要用「拍電影」的方式來增加趣味性，耗時的同時，課程內容進度勢必受到耽擱縮減。

遊戲化教學以鼓勵出席

許多學生經常以電腦遊戲進行排遣，學校的課程若能與電腦遊戲結合，或許能提升學生對於課程趣味性的要求。一般的課程授課時，有相當比例的時間，是採取老師講授的方式。但隨著電腦、手機的普及，上課時間學生會經常性的查閱手機或電腦，導致注意力低落。有些老師採取授課期間禁止使用電腦、手機的做法，這在高中、國中的教學現場，或許仍有可行。但在大學的教學現場，已是相當難以執行的規定。如何化阻力為助力，在課堂授課期間善用電腦、手機的功能，並維持學生的注意力，為教學現場所遇到的問題。

另外，大學經常出現大班制課程，修課人數經常高達數十人到百人，或者根本超過百人。當授課人數多時，經常會出現課堂出席率降低、課堂參與不彰等問題。

當修課人數多時，難免有缺席的狀況。雖然可以藉由點名的方式，強迫學生參與，但點名耗費時間，舉例來說，百人以上的班級，點名時間耗時 10 分鐘以上，影響授課。因此最後常常採取電子簽到而不點名的方式，但這又很難避免未出席卻簽到，或是

學生簽到後就離開。而且，若只是將點名與課業成績連結，可是同學卻對個人成績不甚在意，則難以鼓勵其出席。

欲使學生能夠了解基礎知識，必須要用課堂講授的方式，但大班制課程學生眾多，難免有缺席之狀況，如何以同儕力量，提升課堂出席率，是遊戲化教學可以試圖解決之教學現場問題。

遊戲化教學以鼓勵參與討論

大班制的課程若要鼓勵學生分組討論參與，需要讓學生上台報告，但讓太多的學生上台報告，往往耗費課堂時間，影響授課進度。舉例來說，若以 100 人計算，每組 6 人，則必須分配為 16 組。若每組上台報告15 分鐘外加綜合討論15 分鐘，則需要 8 小時以上的授課時間，才能完成一次分組口頭報告。三週的授課時間，就花在這上面了。這使得在教學現場，經常面臨是要安排學生進行口頭報告，或是將時間節省以維持課程進度的兩難。

但不讓學生上台報告，學生進行小組討論時，又常流於形式。如何鼓勵學生參與小組討論，但又不影響課程進度，常常必須採取抽籤、自願或輪流上台報告的方式，選取同學上台報告的程序，是否能增加更多的趣味性，並達到確實鼓勵學生積極參與課堂討

論的目的，為試圖解決之教學現場問題。如何安排分組討論，但又避免耗費太多的時間在分組口頭報告，為教學現場遇到的挑戰。

遊戲化的課程設計，可以設法提高學生課堂注意力，並提升課堂討論之參與度。點名雖可提升課堂出席率，但「人在曹營心在漢」，單純只用點名，也會衍生學生雖然到班上課，但卻未將注意力放在課堂上，分心做其他事情，例如滑手機、玩遊戲等，這反而造成授課老師的挫折感。

基礎專業知識的授課，確實容易流於枯燥，如何兼顧專業知識的傳授，又能提升學生的學習注意力，為教學現場需要解決的問題。如果能夠利用遊戲化的方式，增加課堂內的師生互動，一方面解決學生注意力不足的問題，並經常採用學生課堂討論的方式提升學生的參與度，解決大班制課程互動不足的問題，教學成果將能顯著獲得提升。

遊戲化教學以鼓勵課前預習與課後復習

學生常常覺得現場授課內容已經很枯燥了，課前預習教材、課後作業、課後自我學習的趣味性更是不足，這更加劇課程內容

枯燥的嚴重程度，這是指定課前作業、課後作業時，遇到的嚴重問題。

教改之後，學生在高中期間，即已開始修習各種選修課程。入學學生的多元來源結構，使得學生有「異質化的先備知識程度」。修課學生異質化的先備知識（有學生已經很厲害，但也有學生還是初學者），使得完整的課後「自主學習教材」與「自主學習成果測驗」變得更為重要。這也是「翻轉學習」希望做到的部分。翻轉學習基本概念是將傳統的教學順序加以翻轉，注重實體課堂外的課前、課後學習活動，而把課程實體授課時間，保留給師生間的互動討論。

但是，授課老師會遇到的問題，是如果提供的課前、課後教材內容，依然枯燥乏味，如何翻轉課程？對老師來說，翻轉課程陷入了有理想、沒執行方法的困境。

許多老師直覺地把課前預習或課後複習與「學期成績」掛鉤，以解決學生不願課前預習或課後複習，但是，這僅適用於學生很在乎成績的情況下，如果學生很在乎成績，但一切都好說，但事情常常事與願違，真實的教學現場，老師用了各種方法，但學生

其實蠻不在乎。因為少子化的年代，即使老師願意用成績來「壓迫」學生學習，但這要冒學生休學、退學的風險。即使讓學生不高興，也要堅持教學品質的大學，實在不多了。

學生先備知識程度差異大，課堂授課時間有限，如何激勵學生，於課後多進行複習，或自主學習，為教學現場所試圖解決之問題。當老師提供的「自主學習教材」與「自主學習成果測驗」，可以用遊戲化的方式呈現，可以激發學生自主學習的內生動機，這將有助於鼓勵學生進行課前預習與課後學習。

如果「自主學習教材」與「自主學習成果測驗」能以類似遊戲化的方式出現，學生在進行「自主學習教材」與「自主學習成果測驗」時，是用 Online Game 的闖關、積點等方式，來進行學習，而且獲得的積分，可以在學生間炫耀，這樣產生的學習動機，遠比單純用課堂成績來「壓迫」學生學習，更具有效果。

Chapter 2

遊戲化與教學遊戲

遊戲是很吸引人的，而且，遊戲並非孩童的專利，各個年齡層的人，都會玩遊戲，也都喜歡玩遊戲。

使用遊戲化教學或教學遊戲作為學習工具，是一種很有前景的方法，因為既有遊戲，又有教學，可以用於強化知識，也可以用於解決問題、協調合作和溝通等技能。如果課堂內容像個遊戲，或者課堂本身就是遊戲，應該能吸引學生的目光。

不過，在開始討論之前，必須要釐清遊戲化教學與教學遊戲的異同，這兩件事情的字句相近，概念類似，目標相同，兩者也都很有助於教學。但遊戲化教學與教學遊戲的實質內容不同。為了避免混淆，先討論一下兩者的異同。除了教學遊戲以外，還有一個名詞是「嚴肅遊戲」，也一併討論。

桌遊與教學遊戲

最典型的教學遊戲，就是桌遊。但教學遊戲不一定是桌遊，也可以是手機 APP、線上遊戲、電腦遊戲，或者根本是實體的課堂內遊戲。早期數位學習直接被連結到教學遊戲開發，也就是開發一個電腦遊戲來進行教學。隨著網路的普及與手機的普及，這種教學電腦遊戲也改以網路遊戲或手機 APP 的形式出現。

　　喚起學生的學習動機，是教學現場經常必須面對的課題，而教學遊戲可以提升學習動機，因此，許多教育工作者都嘗試過將教學內容調整為以遊戲呈現。然而，教學遊戲的發展困難、耗時、且成本高昂，而且一個遊戲通常只能完成一個學習目標，玩遊戲所需時間也較久，使得教學進度緩慢。遊戲本身也常需要軟硬體配套，也必須避免學生只把重點放在玩遊戲，而非放在學習。在教學遊戲中，因為本質是遊戲，各種遊戲元素都必須被採用，才能完整形成一個遊戲，才能讓這個教學遊戲好玩[1]。

　　教學的本質，是知識的學習。教學遊戲雖能提升學習動機，但有許多限制，並無法普及於各課程，尤其是知識含量高、教學內容多的課程，難以幫每個章節都設計教學遊戲。

---

[1] 常見的遊戲元素包括：包括行動語言(action language)、評量(assessment)、衝突/挑戰(conflict/challenge)、控制(control)、環境(environment)、遊戲故事情節(game fiction)、人際互動(human interaction)、沈浸(immersion)、規則與目標(rules/goals)等，

簡單的說，桌遊、手機遊戲、電腦遊戲、網路遊戲，都可用於教學。但一個遊戲內，難以涵蓋很多教學內容。因此，如果教學內容繁多，實在難以逐一幫每個主題都設計一個遊戲。

嚴肅遊戲

教學遊戲是指設計一個遊戲來協助教學。既然可以協助教學，也可以用於其他目的，例如利用一個遊戲，來養成運動的習慣，或者利用一個遊戲，來強調抽菸的危害或毒品的傷害。這種有特定目的的遊戲，也被稱為嚴肅遊戲(serious game)。

嚴肅遊戲可運用於教學用途（用於教育用途時稱為教學遊戲），但本質上是個遊戲，只是遊戲的目的是為了教育用途。

遊戲化

遊戲化 Gamification 這個名詞，是最近才興起的主題。雖然 Nick Pelling 自稱這個名詞是他在 2002 年提出提出[1]，不過這個名詞在學術上被使用，是 2011 年以後的事情。遊戲化(Gamification)並非遊戲，而是「將遊戲元素放在非遊戲脈絡上」[2]，遊戲化可以運用於各種領域，而非只運用於教學現場。常見的做法是在一

個非遊戲的活動上，導入積點、等級、徽章、闖關制度，並設計成只要達到一定的目標（累積點數），就能夠獲得某一種程度的外生目標。遊戲化可以運用於工作或教學脈絡中[3]，也可以將遊戲化運用於行銷活動，則可增加顧客參與，提升行銷效益[4]。

遊戲化跟遊戲不同，遊戲化本身不是個產品，不是設計一個遊戲，而是將遊戲元素加入到本來就存在的流程中，來改變人們。遊戲化比起平常的遊戲設計，更加的成果導向(outcome focus)[5]，遊戲的本身是玩樂，但遊戲化本質是要達到特定目的。

遊戲化可運用於很多場域

遊戲化是一種觀念，而非一種遊戲，是將遊戲的觀念，運用於各種活動中。在行銷活動中，也可以進行遊戲化。在都市行銷中，也可以善用遊戲化的元素，例如為一種城市，創造一個以歷史情景為基礎的冒險故事情節，然後邀請遊客依著情節，逐一探索故事情節中提及的景點，讓遊客深度體驗該城市的眾多景點，這就是一種遊戲化在都市行銷的應用。

另一個典型的遊戲化，是在運動健身上的遊戲化應用。具體做法是將持續性的運動健身活動，設計成遊戲，以幫助民眾養成

運動習慣。舉例來說，某些人可能會覺得運動很無聊，難以持續，但可以設計成一個遊戲，如果每天運動達到 30 分鐘，跑步超過多少時間或多少距離，就能獲得點數，此一點數可以用於排名，也可以用於累積換取虛擬寶物、提升等級、購買虛擬裝備、豢養虛擬寵物。這些成分都是遊戲化。在這例子中，本質是運動健身，而非遊戲，但卻是以遊戲的成分出現。

遊戲化的核心並非遊戲，遊戲元素只是遊戲化中的一個重要的「配角」。遊戲化的核心觀念，是將遊戲的元素，運用於其他活動上。因此，遊戲永遠是遊戲化的「第一配角」，但主角另有「他人」。

遊戲化教學

遊戲化也可以運用於教育。遊戲化教學可以被定義為「將遊戲成分運用於教育過程，藉由增加吸引力與動機，正向影響學生對於課程與學習成果的態度。」

遊戲的關鍵是趣味，好的遊戲的前提是願意「初次採納」與「持續使用」，但對於遊戲化的設計者來說，設計一個有趣的遊戲並不必然是遊戲化的目標[5]。遊戲化則是將遊戲的設計於非遊

戲的脈絡。在遊戲化教學，因為不是遊戲，並沒有必要完整採用遊戲所需的全部元素[6]。也就是說，在遊戲化教學中，本質仍是教學，可能只有部分的遊戲化元素被採用。

雖然教學遊戲化並非萬靈丹，但平均來說確實能夠提升教學成效。曾有研究針對文獻發表的 45 個實驗研究進行後設分析(meta analysis)發現，遊戲化教學確實能夠產生中等的正面效果，平均可以提升 7.2% 的學習成果[1]。

紅利積點與遊戲化觀念的差別

遊戲化雖為近幾年所提出的新名詞，但並非全新觀念，以往的顧客忠誠計畫行銷活動中就已廣泛使用此一觀念，例如累積航空里程、信用卡紅利、超商印花累積，都可稱為是廣義的遊戲化。這些活動的共通點，都是透過設計一些遊戲化的活動，讓使用者採取行動，以換取報酬（外生動機）。

不玩遊戲的人，可能覺得積點、升級、闖關等遊戲化元素，已經採用了遊戲的精髓了，但會玩遊戲的人，可能對此嗤之以鼻(significant criticism) [3]。對於玩遊戲的人來說，遊戲不只是積點，而是參與其中的經驗(engaging experience)。

但可惜的是，某些遊戲化的教學設計，只在乎積點，曾由學者指出，如果只是積點，應該是取名為「點數化(pointsification)」，這種點數化、紅利積點化的作法，運用於教學上，是否真能達到效果，有討論的空間[7]。

單純積點制並不是遊戲化

當我們使用「遊戲」這個名詞時，浮現在我們腦中的，應該是「趣味」與「快樂時光」[1]。單純只是積點、升級、闖關，很難與「遊戲」、「遊戲化」完全劃上等號。

舉例來說，在許多大學，教師升等、教師評鑑，都是採取點數制。這難道是遊戲化嗎？當然不是吧！如果將大學老師的升等制度、評鑑制度授予遊戲化的名稱，恐怕是不行。也就是說，只有單純的積點制度，無法稱之為遊戲化。如果硬把大學老師評鑑升等積點說成是「遊戲化」，恐怕這些接受評鑑的老師會抓狂吧！

遊戲化適用於中小學，但可以用於大學嗎？

直覺上，人們可能會覺得國小、國中的課堂上，適合進行遊戲化教學。到了高中教學現場，就開始有人質疑了，遊戲化教學

可以用於高中嗎？這樣的質疑，延伸到大學課堂。大學是專業教育，是否適合進行遊戲化教學呢？

不過，學者以後設分析(meta analysis)整理過去的研究成果[1]，發現遊戲化教學不但可以提升國中小的學習成效，對於大學課堂的學習成效，也得到正面的學習效果提升。也就是說，過去研究結果所下的結論，大學課堂採用遊戲化，還是有助於提升學習成效的。

小孩子喜歡玩遊戲，大人事情很忙，很少玩遊戲。這是我們的刻板印象。這樣的講法，表面看來，似乎沒錯！但這種講法，無法解釋為何大人也喜歡玩橋牌、打麻將、玩手機遊戲、打 Online Game，如果遊戲是小孩子的專利，那麼，目標顧客是大人的各種遊戲，又怎麼說呢？

因此，比較合宜的想法，是遊戲化有其適用的場域，不是每一堂課都可以導入遊戲化。但是，也不是高中課堂、大學課堂就不能導入遊戲化。能否導入遊戲化？該不該導入？以及能夠產生什麼成效？都是依據教學現場而定，無法也不適宜一概而論。

統整上述的論述，幾個想法提供大家參考：

– 遊戲化教學不等於桌遊、教學遊戲

– 嚴肅遊戲指可達到正面效益的遊戲，教學遊戲就是一種

– 遊戲化可運用於很多場域，如行銷、學校教育、教育訓練

– 遊戲化可以運用於教學

– 紅利積點有點像遊戲化，但遊戲化的重點在於趣味

– 單純積點制並不算是遊戲化

– 遊戲化很適合於中小學，但也可以嘗試使用於大學

Chapter 3

遊戲化教學的優缺點

　　為什麼遊戲化可以幫助教學現場？主要原因是因為遊戲化教學可以讓課程更為有趣。為什麼要讓課程更為有趣？原因有可能來自於學生本質，也可能來自於授課主題的特性，也可能是希望提升教學成效。

遊戲化教學的優點

　　遊戲化的優點眾多，但最主要的優點，就是激發學生的學習興趣，以及用遊戲來鼓勵學生練習。另外，遊戲化可以用於鼓勵老師想要鼓勵的正面行為，減少老師不想學生從事的負面行為。不過，這種鼓勵正面行為與減少負面行為，是所有教育都想達到的，而非只是遊戲化的專利。

激發學生的學習興趣

　　遊戲化可以激發學生的學習興趣，學生如果「被迫」到學校讀書，學習興趣可能低落。此時，如果能激發學生的學習興趣，對於學習成效將會很有幫助。

　　因此，談到遊戲化學習時，第一個直覺是遊戲化很適合於國民義務教育的階段，尤其是國中、國小階段，因為這時的學生是被強迫去學校讀書的。但談到要把遊戲化教學應用到高中教育與

大學教育，有些人就會有所質疑：這又不是義務教育，不想讀，就不要繼續讀啊！

這樣的說法，雖然有道理，但其實不切實際。因為國民教育已經延伸到 12 年，因此高中、高職已經是國民教育的一部分。另外，大學普及加上少子化的緣故，幾乎所有高中、高職畢業生都能讀大學，讀大學也已經是常態。這種情況下，「不想讀就請休學、退學離開」的論述，離教學現場的實情有太大差異。

授課老師碰到的真實問題是：「學生到了大學課堂，卻不想學習？」此時，遊戲化便是可行的解方。讓學生充滿學習的興趣，是授課老師的重要任務。

用遊戲鼓勵反覆練習

如果授課內容為基礎知識，希望學生能夠充分了解課程內容，或者必須要確認學生已有正確的知識，此時，可以採取反覆練習的策略，直到確保學生獲得正確知識。

遊戲化的教材，可以讓學生在反覆練習的過程中，不會太過枯燥乏味。這種反覆練習的做法，被稱為「精熟學習(Mastery Learning)」。

　　精熟學習的作法，是將教材分成較小的單元，學習後，再進行評量。如果評量無法獲得通過，則要求學生進行修正，之後再次評量，直到學生達到熟練為止。

　　課後與課前的遊戲化教學內容，可以用於精熟學習。因為精熟學習的原理，是反覆學習，直到學會。但反覆學習的過程，會讓學生有了厭煩的感覺。因此，適當的遊戲化，可以降低厭煩感。

　　精熟學習的精神在於學習成效只要能達到標準，就能獲得高分。高分並無配額，也無需競爭即可獲得高分。個別學生的成績不建立於跟其他學生成績的比較。而且，學生可以藉由反覆練習，達到學習成效，藉此達到高分。

　　遊戲化的課後復習或課前預習，非常適合搭配精熟學習的教學方式。學生在完全通過評量之前，可以反覆學習、反覆練習。而反覆學習、反覆練習的過程中，可能太過枯燥，遊戲化的設計，可以降低枯燥感。

遊戲化教學的可能缺點

遊戲化教學有很多好處，但絕對不能說遊戲化可以解決全部的教學現場問題。很多問題無法用遊戲化來加以解決。在某些情況下，遊戲化反而會衍生很多教學現場的問題。也就是說，到底遊戲化好不好用，必須視情況而定。

以下，嘗試說明遊戲化教學的可能缺點，以及不適用於遊戲化教學的情境。教育工作者必須確知遊戲化的優點與缺點，避免過度吹捧遊戲化，最後成果卻與預期不符。

在教學活動中導入遊戲化是否能提升學習績效，存有爭辯。有幾個明顯的潛在問題：

可能缺點一、影響教學進度

教學遊戲（例如桌遊、手機遊戲、電腦遊戲）有一個明顯的問題，就是學生必須了解遊戲規則以熟悉遊戲，且玩遊戲必須耗費時間，若是要玩幾次才能體會，則更耗時。這些都有可能讓教學進度變慢，進而使教師必須減少教學範圍。

教學遊戲化雖不像教學遊戲一樣耗時，但仍被質疑，有可能較傳統教學耗時。因此，教學遊戲化的過程，要盡量減少耗時，避免影響到教學進度。

遊戲化教學若用在課後補救教學，或是課前預習，因為不耗用課堂內時間，不會影響到教學進度。但遊戲化教學用於課堂時，一定會某種程度的佔用到課堂時間，如果占用到一點點時間，或許只是讓課程內容多元化一點，避免枯燥。但如果占用到太多時間，則教學進度有可能會受到干擾。

翻轉教學的原理，就是利用課前預習，來彌補授課時間講授時間被挪用於其他課程活動的情境。在翻轉教學中，因為學生已經事先預習，因此，課堂內講授時間可以大幅減少（甚至於不做任何講授），授課時間被大量挪用於對於授課主題的討論。相同的原理，如果採用遊戲化教學後，學生有進行課前預習，則授課時間挪移一部分時間，來進行遊戲化，並不會影響教學進度。但相反的，如果學生完全沒有進行課前預習，授課時間又被挪移一部分時間用於遊戲化的活動，此時授課進度確實會有受到影響的疑慮。

　　就算教學現場碰到的實況是難以讓學生進行預習，教學進度顯然會因為遊戲化，而受到影響。此時，遊戲化仍有可能存在價值。這主要是因為如果沒有遊戲化，學生沒有任何學習興趣，此時教學沒有產生效果。遊戲化雖犧牲教學進度，但換取學生的興趣與教學效果，權衡之下，遊戲化教學仍可能具有價值。

表 1　遊戲化的可能缺點與解決方案

遊戲化教學可能缺點	可行的解決方案
影響教學進度	1. 減少課堂內的耗時遊戲活動。 2. 僅將遊戲化用於課前預習與課後補救。
降低自發學習動機	1. 善用成就感來激發學生自發學習。 2. 將遊戲化積點與成績脫鉤，或降低遊戲化積點的佔分比重。避免學生只是為了成績加分而參與。
增加備課時間	1. 選擇基礎課程進行教學遊戲化。 2. 善用遊戲化教學軟體以縮短現有教材轉型為遊戲化教材所需時間。
需軟硬體配合	1. 低階手機、平板、電腦即可使用。 2. 搭配常見軟體，減少學生安裝採用新軟體的進入障礙。

可能缺點二、降低自發學習動機

遊戲化有另一個明顯的問題，就是導入外生動機（積點制度換算成學習成績等外部誘因）的同時，可能降低了自我學習成長的內生動機[3]，擔心的負面影響是：學生不再自動自發，而是養成一定要有積分才願意學習的錯誤習慣。

內生與外生動機的平衡，向來是教學現場會碰到的兩難。考試導向、成績導向的設計，都是以外生動機來提升學習意願，但也會因此而降低內生動機。遊戲化教學設計的過程，如果凡事都與期末成績掛勾，很容易提高外生動機，但也降低內生動機，也就是學生並非自發性的想要學習。

一個好的遊戲化設計，在給予外生動機的同時，最好能夠同時激發或保留原本的內生動機。成就感的提升，是可能的內生動機，好的遊戲化教學設計，學生在完成任務時，不是只給予成績加分的外生動機，而是讓學生有成就感，內生動機增加。如果讓遊戲化設計的積分，與成績脫鉤，使學生不是為了成績，而完成指派的任務，此時將更能確保學生不會因為「加分」這項外生動機，才進行學習。

可能缺點三、增加備課時間

　　國小、國中、高中的教學現場，使用的教科書是多年才更新一次，並有良好的配套教材。但是，在大學的教學現場，教授科目常是專業課程，使用的教科書經常更新，教材配套也較為不足。對於大學老師來說，備課已是沈重負擔，若還要將教材加以「遊戲化」，可能會加重大學老師的備課負擔。

　　可能的因應方案有二。首先，較為基礎的大學課程，教材更新頻率較低，遊戲化後的教材，可以有較長的使用壽命週期，因此較適合發展為遊戲化教學課程。

　　其次，應該設法加速將教材加以轉型為遊戲化的過程，良好的通用型遊戲化教學軟體，就是可能的配套措施。舉例來說，課後測驗選擇題，可以作為自學教材，或者課後作業，但課後測驗是一項枯燥的內容，不容易引發學習興趣。但若電腦軟體可以將這測驗，很快速的包裝成「打怪」（魔王闖關）的電腦遊戲過程，而授課老師只要很簡單的將題目匯入，就能完成這樣的遊戲化教材，則可以降低老師在遊戲化教材的備課心力。

可能缺點四、需軟硬體配合

大學課堂內，可用的教具不多，教室常只配有最簡單的桌椅、講桌、電腦投影所需設備，大部分課程並無法安排、也不適合安排於電腦教室授課。因此，遊戲化教學的過程中，若授課老師必須為軟硬體的配套而煩惱時，授課老師採用遊戲化教學的意願就會大幅降低。

因此，最合適的方法，是降低軟硬體要求。學生不需付費，即可自由安裝軟體，而且所要求的硬體規格低。在課堂上，以及在課前複習與課後練習階段，學生只要有手機（或平板、電腦）就能夠上線使用，偶而有學生忘了帶手機到課堂，此時可用例外處理的方式，事後調整分數，即可解決。隨著手機普及，實務上，學生忘記帶手機的比率相當的低。

另外，遊戲化教學若能搭配現有軟體，盡量不要學生學習新的軟體，在推廣上，比較少障礙。舉例來說，學生已經熟悉使用 Google Forms 來進行測驗題考試，此時課前預習或課後複習搭配使用 Google Forms 測驗題，就能降低學生在軟硬體配套措施上的負擔。

不適合遊戲化教學的情境

沒有任何一種教學方法，是「無敵」「萬用」的。也有一些教學場合，並不適合遊戲化教學。舉例來說，學生學習動機高、學生排斥遊戲化、課程專業程度高、教材變化性高……等情況下，遊戲化教學討不到什麼便宜。

學生學習動機已高時，不需要額外採用遊戲化

遊戲化教學的最大助益，是提高學生的學習動機。但如果學生早有很高的學習動機，此時，重點應該放在教學內容的加深、加廣、加快，而不是犧牲一部分教學時間以讓教學內容遊戲化。

一個求知若渴的頂尖大學課堂，學生渴望學習最新的知識，企盼多讀一些最尖端的新興科技議題，期盼加速學習的腳步。這種情況下，是不宜採用遊戲化教學的。不管如何設計，相對於直接講授內容，遊戲化教學還是會某種程度的拖慢學習速度、減少學習範圍、降低學習深度。

簡單來說，頂尖學校是不一定需要遊戲化。但也不應該因為頂尖學校不需要遊戲化，就抹煞了遊戲化對於一般學校教學現場的用處。

學生排斥遊戲化時，不宜強迫採行遊戲化

雖然有一些學生喜歡玩遊戲，但一定也有一些學生本身不玩遊戲。身為教育工作者，一定要知悉學生的異質化偏好。如果教學現場中，學生們對於遊戲化給予低度評價，普遍覺得遊戲化教學設計「很幼稚」、「無腦」、「浪費時間」，表示遊戲化並不適用於這批的學生。

網路上流傳一句很傳神的話：「有一種冷，叫做阿嬤覺得你冷」，意思是人們會自以為是的覺得對方需要什麼，而不在乎對方的感受。在遊戲化教學設計上，也可能有類似的狀況。知悉教學現場學生的真正感受，才決定是否採行遊戲化。如果學生均曰：「不想採用遊戲化」，遊戲化教學就不該是個選項。

課程專業程度高，無法採用遊戲化

如果課程的專業程度很高，學生難以自學，且設計成遊戲化的教材內容時，並無法將觀念正確而合宜的傳授給學生。此時，在授課過程中，教師必須將心力花在這些專業知識的講授，在這種情況下，要再要求老師導入遊戲化，實在有點強人所難。

　　舉例來說，非常高深的數學課程，或是很抽象的高等物理課程，很難採用遊戲化教學設計。並不是不能採用遊戲化教學，但採用的過程中，教師所需的額外心力可能太高了。而且，學生光是搞懂內容，就很耗費心力了，要再花心思在遊戲化的程序，對於學生也是一項額外負擔。

　　有時候，課程名稱不是關鍵，課程的專業程度要求才是可否採用遊戲化的關鍵。舉例來說，在通識教育課程中開設的民法概論課程，可以導入遊戲化，讓修課學生增加學習興趣。但對於法律系來說，民法課程是個嚴肅的專業領域，需要非常多的授課小時數，需要講授非常多的主題，不適合遊戲化。因此，通識教育開設的民法課程，可以遊戲化。但在法律系開設的同一主題課程，就不適合導入遊戲化的教學設計。

教材變化性過高，採用遊戲化教學的備課難度高

　　中小學老師，教科書、教材的更新速度較慢，並不會每年都更新教材，每年只需微調前一年所發展的遊戲化教學教材，就能適用於新的學期。

　　大學課堂要採用遊戲化教學時，最容易提及的挑戰，就是教材更新速度太快，使得遊戲化教學所需的教材，需要每年或每學期都更新，這種情況下，會造成授課老師過於承重的負擔。

　　因此，大學內是否能採用遊戲化教學？其實沒有絕對的答案，而是取決於該課程教材的生命週期。如果教材的生命週期較長，如果一個課程的本質上，具有可以重複使用多年的教材，則授課老師花費一次時間將教材進行遊戲化的調整，之後再每年微調，是可行的。

　　相反的，如果這門課程的本質就是快速變化，每年有全新、完全不同的教材，此時遊戲化調整後的教材，生命週期只有一學期，對於授課老師來說，將是個承重負擔。要推行遊戲化，當然不具有可行性。

Chapter 4

可用的遊戲化元素

　　遊戲這個中文字，由遊玩的意思，對應的英文，是 Game，但 Game 這個字本身翻譯為中文時，就不一定翻譯成遊戲。舉例來說，Game Theory 被翻譯為賽局理論，因此 Game 也可以翻譯成賽局。而球賽也使用 Game 這個字，因此 Game 也可以翻譯為賽事、比賽。賭場的賭博，有時也會使用 Game 這個字，以迴避博弈 Gamble 這個字。

　　Game 翻譯成遊戲的時候，重點在遊玩，在於趣味。Game 翻譯成賽局時，重點在於競爭，球賽通常都是競爭。而賭場裡面使用 Game 這個字，也反映了隨機這個特性。因此，遊戲化的過程，這幾個元素是不可或缺的。

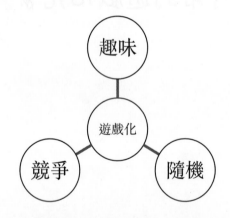

圖 1 遊戲化必須包含趣味、隨機、競爭

　　遊戲種類包羅萬象，遊玩過程中的遊戲規則，難度也有差異。以撲克牌遊戲來說，可以像是橋牌、撿紅點之類的遊戲，遊戲規則有一點複雜，雖有運氣成份在，但鬥智的成分很高，玩一局需要不少時間。但撲克牌也可以用於遊戲規則很單純的二十一點（英文稱為 Black Jack），或者乾脆拿來抽籤比大小，這樣的遊戲規則都簡化很多。在賭場裡面，擲骰子、輪盤（英文稱為 Roulette），遊戲規則更是簡單。

　　遊戲元素包括：遊戲故事情節(game fiction)、環境(environment)、控制(control)、行動語言(action language)、規則與目標 (rules/goals) 、評量 (assessment) 、衝突／挑戰(conflict/challenge)、人際互動(human interaction)、沈浸(immersion)，以促進學習目標與相關產出 [6]。在設計教學遊戲化時，可以系統化地將這些遊戲化元素考慮在內。在教育領域上，可以使用的遊戲元素簡述如下：

元素一：遊戲故事情節

　　遊戲故事情節(game fiction)是指為遊戲設定一個故事情節，但這並非必須。舉例來說，在賭場中的輪盤，基本上並沒有任何遊

戲故事情節，反正就是莊家在一個輪盤中丟下一個滾球，看看滾球掉落的位置，沒有任何情節。樸克牌的各種遊戲，雖然遊戲規則複雜，但並沒有太多的情節。

沒有情節的情況下，遊戲比較不吸引人。因此，象棋、西洋棋，幫每個棋子賦予不同的角色（將帥、仕、相、兵卒…），來置入一個遊戲背景，增加遊戲趣味。幾乎所有的線上遊戲，也都有遊戲故事情節。發展故事情節，需要一些文創功夫，或是以現有的小說作為背景。用玩家都耳熟能詳的故事當成背景，也是常見的做法。所以，很多遊戲為了省事，都以「三國」作為故事背景，因為大部分的玩家多少都知道三國的故事與角色。

這些故事情節有些還能發展成電影或電視連續劇。古墓奇兵、仙劍奇俠傳系列，軒轅劍，流星蝴蝶劍、奇蹟世界、熱血傳奇之毀滅之王等，都是網路遊戲的劇情背景改編的電影或電視連續劇。

如果要讓學生覺得課程是有趣的，在遊戲化的過程中，可以增加一點的故事情節。不過，這也要看學生的接受度。如果大部分的學生覺得這些故事背景很「幼稚」、「腦殘」，那反而是得

到反效果。因為學生眾多，學生背景多元，要討好每個學生並非容易的事。在遊戲情節的部分，是要根據學生的情況來拿捏。

　　以下，試舉一個遊戲化課程設計中，所給予的有趣的故事情節。

遊戲化課程的故事情節（範例：亞特蘭摩沙歷險。）

　　亞特蘭摩沙大帝膝下並無子女，也無兄弟，大帝年事已高，希望能夠選出賢明之人，以及他所領導得執政團隊，來繼承亞特蘭摩沙帝國皇位，使亞特蘭摩沙帝國國祚昌運，永世傳承。

　　為此，亞特蘭摩沙大帝設置了亞特蘭摩沙挑戰賽，廣徵各地英雄豪傑前來挑戰。所有戰士、法師、治療師，都可組成團隊，參與此次挑戰任務。在指定時間完成指派任務者，都可受封為騎士與諸侯。完成任務者之中，表現最為優異的團隊，將可進入攝政團，獲得治理帝國的機會，成為帝國的公爵貴族，攝政團領導人，將被授與象徵國運的傳國玉璽，指派為亞特蘭摩沙大帝繼承人，未來將領導所有騎士與諸侯，帶領亞特蘭帝國朝向美麗的未來。

　　為了考驗所有挑戰者是否具有治理亞特蘭帝國的能耐，亞特蘭帝國皇帝特別委請諸位神將，分別鎮守各個關卡，要取得各位神將的認同，挑戰者必須通過層層關卡的考驗。

　　您的團隊組織好了嗎？您準備好了嗎？請開始進行亞特蘭摩沙歷險。

　　除了給予這樣的遊戲化情節外，還可以為每一章的課程學習，賦予一個有趣的關卡名稱。舉例來說，將 14 章分別命名為有特殊涵義的關卡名稱。為了加強遊戲化的成分，授課內容十四個單元，分別命名為：應許地、青龍關、白虎關、朱雀關、玄武關、海山隘、聖稜線、靈真峰、人善谷、新美湖、漠夜泉、馮翊寨、扶風寨、聖之城。

遊戲化課程的關卡命名（範例）

　　挑戰者要從應許地（第一章）出發，通過青龍、白虎、朱雀、玄武等代表東西南北四方神獸所設立的關卡，之後到達海山（意思是海山交界）、聖稜（意思是到達稜線巔峰），然後抵達真善美之地（靈真峰、人善谷、新美湖），到達目的地之前，黎明前會有黑暗，因此會先到達漠夜泉（黎明前的黑暗），而漢朝時，京城左右分由左馮翊、右扶風兩位地方官負責管理，因此抵達終點之前，先到達馮翊寨、扶風寨（取名為寨，是指捍衛聖城之意），最後抵達聖城（聖之城）。也就是從應許地（取應許之地的意思），抵達聖之城（取聖城的意思）。

元素二：環境

環境(environment)是指玩家遊戲時所處的實體環境，也就是說需要具有哪些東西，或者要在什麼場地，才能玩這個遊戲。舉例來說，要玩紙牌遊戲，就先要有紙牌，要玩象棋就要先有象棋與棋盤，要玩輪盤，則先要有個實體環境放輪盤，或者寫一個輪盤的電腦程式。

對於授課老師來說，實體環境是遊戲化教學的可能障礙，如果學生參與遊戲化的實體環境有很多規格限制，那如何滿足這些實體環境要求，就是授課老師在教學現場必須克服的限制。如果這些實體環境是授課老師必須準備的，那授課老師就必須找到經費來準備這些實體環境，但如果教學環境是學生可以自備的，授課老師的教材準備壓力就會大幅降低。

如果授課老師必須為遊戲化課程打造實體環境，在教學現場的可行性就會大打折扣。因此，適當的使用現有的程式，例如本書將介紹的遊戲化教學軟體 Classcraft，便成為較為可行的方案。使用這類程式之後，老師的工作減少到設定 Classcraft 的遊戲化教學設定，至於程式的技術問題，則由 Classcraft 公司自行處理。

　　而對於大學生來說，可上網的手機（或平板、電腦），已是非常普及的個人設備。要求大學學生必須自備可上網的手機（或平板、電腦），並不算強人所難的要求。

　　但要讓國小、國中、高中高職來執行遊戲化教學，在環境這個元素上面，就變得很有挑戰。要求國小、國中、高中學生必須自備手機（或平板、電腦），這在現階段，恐怕仍有阻力。因為不一定每一位學生家長，都願意幫小孩購買手機（或平板、電腦），許多學校基於課堂管理的原因，也不一定願意學生攜帶手機（或平板、電腦）到教室上課，如果學生無法自備上網設備，可行方案只能是由老師準備教具（使用學校公發的平板，或利用電腦教室上課），這或許能解決授課現場的問題，但對於課前預習與課後學習，還是會遇到障礙。

元素三：控制

　　控制(control)是指遊戲玩家如何控制遊戲的進行，有些遊戲的過程中，只有隨機，玩家難以決定遊戲的進行，例如擲骰子、輪盤遊戲，或者是買刮刮樂、樂透彩，這些遊戲中，玩家能決定的東西很少，玩家能夠控制遊戲進行的地方很少。也因為如此，玩家面對這些遊戲時，常常會求神拜佛，乞求上蒼的眷顧。因為除了機率以外，實在講不出這樣的遊戲，玩家可以做出什麼決定。

　　相反的，有一些遊戲，玩家的控制權很大。遊戲的成功或失敗，幾乎沒有機率的成分。最簡單的例子是圍棋、象棋、西洋棋，幾乎沒有隨機的成分，完全是雙方鬥志對峙的成果。

　　圍棋、象棋、西洋棋是鬥智遊戲的代表，玩家擁有絕對的控制權，擲骰子、輪盤、刮刮樂則是機率遊戲的代表，玩家幾乎沒有控制權。不同遊戲的設計，決定權是否在玩家身上，決定玩家如何控制遊戲的進行。

　　學生在教學遊戲中的控制能力，是預先必須設定的元素。通常，學校老師希望營造「人定勝天」、「命運掌握在自己身上」的情境。但若是提到遊戲的趣味性，隨機是比較有趣味的做法。

「隨機」抽取一個同學回答問題，此時學生的控制權只剩下「正確的回答問題」，其他部分則是交給「隨機」。但這樣的設計，是挺有趣的，因為所有人必須「屏息以待」看看誰被抽到。

相反的，所有人都必須回答問題，這時候，隨機的成分沒有了，隨機而產生的緊張感也沒有了，學生只能回答問題。課堂上的小考，就是這樣的設計。所有人都必須回答問題，沒有隨機的成分。

遊戲化教學的過程中，如果教材或小考被設計成課後的自主學習，學生可依循自己的步調，在自己有空的時間進行學習，則學生掌握「何時要學習」的控制權。如果教材或小考被設計成課前預習，必須在上課前完成，否則會被扣分，此時學生可依自己的步調，在上課前完成學習，但限制條件是必須在上課之前完成。這種課前預習，精神等同於翻轉學習，課前完成自主學習，課堂授課時間則用於師生互動討論。

元素四：行動語言

行動語言(action language)是指玩家可以怎麼採行行動來控制遊戲，在圍棋中，玩家決定下一個棋子放在哪裡，在象棋、西洋棋中，玩家決定棋子的下一步要怎麼走。在許多線上遊戲中，玩家決定遊戲中的角色要做什麼。

在圍棋、象棋、西洋棋、樸克牌之類的棋牌遊戲中，遊戲參與者輪流，一個人下完棋後，換下一個人，依序輪流。這種設計感覺時間會暫停，讓玩家可以思考下一步要怎麼做，這樣的設計很明顯地是因為要維持遊戲進行的規律。在電腦遊戲中，不必等待玩家，而是讓玩家在時間內反應，時間流逝後，若如果無法做出適當的反應，任務就失敗了。

遊戲化教學的核心在於教學，而非遊戲。授課老師必須設法引導學生從事有利於學習的行為。因此，在遊戲化教學的教材設計時，最好的策略就是想要學生展現的行為，設計到遊戲的行動語言中。

授課老師希望學生呈現什麼樣的學習行為嗎？授課老師希望學生在課前的時候能預習課程，並通過課前測驗。上課時間，希

望學生準時出席、參與課堂互動回答問題、鼓勵同學。課後，學生要能夠複習課程、完成作業，並通過複習測驗。為達到這些目的，遊戲化教學的教材，可以設定成由學生利用手機，完成課前預習、課前測驗、課後複習、課後互動。而在授課課堂時間，則不使用手機，但是由老師執行遊戲活動，包括老師點名以給予出席同學得到加分、隨機抽取同學來回答問題、並鼓勵學生間的互動。

如果所有活動都直接與學習相關，包括課前預習、課前測驗、課堂出席、課堂回答問題、課堂互動、完成作業、課後複習、複習測驗等，則學習會變得非常枯燥。要增加趣味的成分，才能達到遊戲化學習的目的。因此，各項教學活動所獲得的點數，要能運用於遊戲，才能增加趣味性。簡單的設計，就是獲得的點數，可以用於提昇遊戲角色的裝備、提升等級、獲得虛擬珠寶等，或者可以從事活動。

元素五：規則與目標

　　遊戲必須設定規則與目標(rules/goals)，必須要給玩家的規則、目標，玩家才有可以努力的目標。圍棋的目標，就是在棋盤上佔領地盤，讓對方的棋子完全不剩。象棋的目標，就是要吃掉對方的將帥。總是要有一個目標，才能讓遊戲可以進行。樸克牌的撿紅點的目標，則是獲得較多的紅點。總之，需要有目標，並設定規則，遊戲才能進行。

　　在遊戲化教學的教材設計，也要設定這樣的規則與目標。遊戲化教學所要設定的最終目標，應該是提升教學成果（考試成績得高分）或是幫助教學過程（讓學生預習、讓學生準時來上課、讓學生完成所有作業、讓學生能多互動、讓學生複習）。為了達到此一最終目標，遊戲化教學教材的規則，應該是以此為依歸，學生若能課前預習、完成課前測驗、準時課堂出席、在課堂上回答問題、在課堂上互動、完成課後複習、完成課後作業、通過複習測驗等，都能獲得遊戲化的點數。

元素六：評量

　　遊戲總要設定一個評估指標，用以評估哪一位玩家是贏家，哪一位則是輸家。以圍棋來說，哪一個顏色的棋子被完全殲滅，就是輸家。以象棋來說，哪一方的將帥被吃，就是輸家。以撿紅點來說，誰的點數較多，誰就贏了。

　　遊戲化教學中，也需要進行評量，以了解學生完成了多少的學習活動。在設計遊戲化教學的教材時，也必須設計合理的評量方式，來記錄學生的學習進度。

　　如果課程內容屬於前後相依，如果前面的基礎內容沒有學會，後面的進階內容就無法學會。此時，就必須設計一套機制，讓學生必須儘速的完成前段的基礎內容學習，完成課程前段的學習，對於課程的後段學習，會有明顯的幫助。這其實也就是精熟學習想要達成的效果。如果基礎知識內容是一定要先學會的，才不會影響進階知識的學習，在評量機制上，就要盡量著重在各段內容的精熟學習。儘早完成基礎內容的精熟學習的同學，評量上，給予較高的分數。評量機制就要設定成在指定時間內完成的同學分數較高，過了指定時間才完成的同學分數較低。

　　如果某一堂課程講究出席與互動，重視學習過程，而非只有學習的成果，則在評量的設計上，要給予課堂出席、參與互動者點數獎勵，讓同學願意出席、願意互動。此時，也可以設計成全組同學都準時出席時，可以額外加分。如果該組有一人未能準時出席，就沒有額外加分。這時，就會產生同儕壓力，讓同學們互相給予必須出席的壓力。

　　遊戲化教學的過程中，採用不同的評量設計，會引導出不同的學生行為。如果重點只放在課前與課後的自我學習，課堂教室內的行為並無法被正面引導。但如果只在乎課堂內的行為，則學生不會自主地進行課前預習、課後複習。

　　以圍棋和象棋的規則作為譬喻，圍棋要求包圍殲滅對方所有棋子，象棋只要求吃掉對方的將帥。圍棋和象棋評量輸贏的規則，並不相同，玩家展現的行為，也不相同。以撲克牌的撿紅點遊戲為例，只有紅點才是需要的。此時，黑色的點數就變成是沒有人要吃的。在遊戲化學習裡面，如果某個活動完全沒有獎勵，學生就不會有什麼誘因來從事該活動。

元素七：衝突與挑戰

衝突與挑戰(conflict/challenge)是指玩家間如何競爭，或者玩家如何面對遊戲所設定的挑戰。對弈的遊戲，通常是玩家間如何競爭。但還有另一種遊戲，是遊戲設定挑戰，玩家間並不競爭，而是各自各顯神通的通過挑戰。傳統棋盤遊戲，主要是設計成對弈，單機版的電腦遊戲或手機遊戲，主要是設計成闖關挑戰。

班級課堂的授課，採用遊戲化教學時，衝突與挑戰可以併用，也可以擇一。如果給予的資源有限，例如只有班上第一名的組別或個人才能獲得獎勵，則同學們之間會產生競爭，這就是營造學生間的衝突，藉由創造競爭來鼓勵學習。

如果給予的資源無限制，並非零和競爭，例如只要完成作業就能獲得獎勵，則同學們之間不易產生競爭，而是會產生合作。此一合作有可能是老師希望的結果，例如互相交流如何完成作業，但此一合作也可能是老師不希望達到的結果，例如互相抄襲作業，或同學互相將測驗題答案分享給同學。

適當的設計遊戲化教學呈現的衝突與挑戰設計，可以引導班級成員的學習。舉例來說，將基礎課程內容設計成挑戰，學生必

須通過挑戰，而通過挑戰的過程，獲得基礎知識，達到教學的目的。此時，也可以設計班級同學間的競爭，例如全組積分、個人積分的排名競賽。這樣的衝突設計，可以讓同學儘早完成學習。

衝突元素是一體的兩面，以課前預習小考與課後複習小考來說，如果沒有設計出衝突元素，而只是設計挑戰元素，也就是學生只要通過小考即可，而且同學間並無需競爭。此時，就會衍生小考答案外洩的可能性。因為同學間彼此毫無競爭，那同學們自然會互助，把答案紀錄分享傳播給其他同學。

相反的，如果強調資源競爭的衝突，例如設計成只有答對的前幾名同學才能獲得加分，因此為了獲得加分，同學將不會願意分享答案。這樣的設計，會阻礙互助、討論，對於強調團隊合作的課程，就不是好事。

衝突與挑戰都是重要的遊戲元素，好的遊戲化教學要具有合宜的衝突與挑戰元素。兩者不一定需要並存，例如棋盤遊戲只有衝突，而無挑戰。單機電腦遊戲只有挑戰，而無衝突。衝突與挑戰設計成分的多寡，端視課程性質與希望達成目標的不同，而有差異。

元素八：人際互動

人際互動(Human Interaction)是指玩家間的互動。電腦單機遊戲並無玩家間互動，最多只是積分排名。但相反的，網路遊戲與傳統棋盤遊戲，都有玩家間的互動。許多被稱為「社交遊戲」的線上遊戲，更將重點放在玩家間的互動。

棋盤遊戲的玩家互動，屬於競爭性質，一方的行動，會影響另一方的佈局，此時的人際互動，屬於遊戲內的競爭。而線上遊戲的互動，可以是合作（同組成員共同完成目標），也可以競爭（消滅競爭對手），或者是社交交流（例如遊戲心得討論）。當然，線上遊戲也可以設計成毫無互動，讓玩家各自完成目標，比看看誰較早完成目標。此時，玩家間有競爭，但無互動。

互動可以包括遊戲內的互動，或是延伸到遊戲外的互動（社交討論）。在象棋棋盤寫上「觀棋不語真君子」，就是希望旁觀者不要參與討論，也就是禁止遊戲外的互動。不過，象棋完賽後，還是會有很多討論的。在教學活動中，通常授課老師希望鼓勵課堂外的互動，而非禁止互動。因此，遊戲化教學反而要鼓勵這種遊戲外的互動。

在遊戲化教學的規則設計中，可以設計加分項目給願意互動的學生，例如給予同學的報告讚美（或是評語）可以獲得加分。授課老師在設計時，可以思考評語是一定要批評性質的，還是兼顧正面與批評性質的，還是強迫學生要給予其他人正面評語（讚美）。正面評語可以讓學生有成就感，負面評語則可讓學生有改進機會，都有優缺點。

元素九：沈浸

沈浸(immersion)是指玩家在遊戲產生的情感與知覺體驗，沈浸有可能讓玩家產生心流(flow)，心流則是指一種專注與完全投入的心智狀態[2]，若用通俗的話語來形容，類似一種恍神。玩遊戲玩到過度專注，專注到幾乎恍神，是很常見的。心流的觀念最早由

---

[2] 可以參見 Csíkszentmihályi, Mihály, Creativity: Flow and the Psychology of Discovery and Invention, New York: Harper Perennial, 1996, ISBN 0-06-092820-4。以及 Csíkszentmihályi, Mihály, Finding Flow: The Psychology of Engagement With Everyday Life, Basic Books, 1996, ISBN 0-465-02411-4。

Csíkszentmihályi 於 1975 年提出。中文翻譯書為：契克森米哈賴著，張定綺翻譯，快樂，從心開始，天下文化。

　　遊戲如果能讓玩家產生沉浸體驗，玩家就會專注於遊戲中，玩遊戲的時間長度與頻率自然也會因此而獲得提升，成為重度玩家。當深度沈浸體驗長期持續，玩家甚至可能對於遊戲產生成癮的現象，無法自拔。

　　遊戲化學習教材若能為學生產生沈浸體驗，學生較願意投入於學習。不過，說起來很容易，做起來確實很困難。遊戲設計者要創造遊戲的沉浸，都不太容易做到。要設計到讓課程學習也產生沈浸，難度是很高的。

　　成就感與新奇感（或是趣味），是達成沉浸的關鍵。如果遊戲化學習的教材難度適中，讓學生感到成就感，學生願意繼續探索下一個關卡。而且，如果課程內容或遊戲關卡還具有新奇感，讓學生想要繼續探索下一個關卡，成就感與新奇感兩者搭配起來，學生比較會沈浸於遊戲化教學。

　　要能讓學生產生成就感，教材難度的拿捏是很重要的。如果教材太過簡單，讓學生覺得這教材簡直是「幼稚園程度」，此時

學生並不會感到成就感。另一個極端，教材如果太難，讓學生充滿挫折，學生覺得這教材彷彿難以閱讀的「天書」，此時，學生也不會得到成就感。將「心流理論」用於教學時，很重要的啟發就是教材內容必須符合學生的程度，藉由教學慢慢讓學生的程度拉高，才會產生心流。

因此，在遊戲化學習的設計上，必須做到讓學生感到新奇感、新鮮感、趣味感。而且，課程難度必須符合學生能力，從剛好符合學生能力的難度出發，慢慢調高難度。只有難度與學生能力相匹配，而且學生可以慢慢獲得成長，學生才會產生成就感。如此一來，心流的狀況也才會產生，才會沈浸於遊戲化教學教材中。

表 2 遊戲化教學可使用的遊戲元素

遊戲元素	說明	遊戲化教學設計
遊戲故事情節 (game fiction)	遊戲情節與故事	吸引學生的情節與背景
控制 (control)	玩家如何控制遊戲的進行	學生如何自主控制進度
行動語言 (action language)	玩家與遊戲如何互動	學生參與遊戲化的方式
規則與目標 (rules/goals)	給玩家的規則、目標、資訊	設計的課堂規則
評量 (assessment)	紀錄遊戲的進度	如何記錄學生遊戲化進度
衝突/挑戰 (conflict/challenge)	玩家間的競爭與遊戲挑戰	如何讓學生競爭
環境 (environment)	玩家遊戲時所處的實體環境	學生參與遊戲化的環境
人際互動 (human interaction)	玩家間的互動空間與時間	學生間如何產生互動
沈浸 (immersion)	遊戲產生的情感與知覺體驗	學生如何產生沈浸

資料來源：遊戲元素與說明為 Landers [6]所提出，遊戲化教學設計為本書提出。

Chapter 5

可用於遊戲化的軟體

讓一位授課老師為了一門課程而開發一個軟體，雖然並無不可，但耗費太多心力，可執行性低。因此，尋找一個可用於遊戲化教學的軟體，是比較可行的方案。

以下簡要介紹幾個遊戲化的軟體。本書後段將介紹使用 Classcraft 於實際課堂的遊戲化教學案例。

CLASSCRAFT

Classcraft 利用類似於角色扮演遊戲的環境，來輔助教學。像一般的角色扮演遊戲一樣，授課老師在 Classcraft 設定一個故事情節作為背景，在這故事情節下，學生被要求要執行某一個任務。學生以組隊的方式，扮演某一種類型的角色（戰士、治療師或法師），Classcraft 遊戲提供各種積點（經驗點數 XP、HP 健康點數、GP 金幣⋯），讓學生進行探索闖關，以獲得升等，升等後可取得裝備，並得到寵物。

探險打怪是角色扮演遊戲的核心，Classcraft 也是以此為設計主軸，只是打敗的「怪獸」是各章節的複習測驗。探險活動則是所有章節。也就是逐一經歷所有章節，通過複習測驗。

Classcraft 的功能齊全，主要運作方式是由授課老師進入網站進行各種設定，而學生使用者則安裝手機 App 使用。因為前置作業設定較為完整且複雜，且包含有班級經營與師生互動的元素，因此比較適合整學期的課程（或至少半個學期），而非單堂單次授課的情境。

角色扮演遊戲中，地圖是很重要的環節，遊戲玩家要在地圖上探索未知的關卡。Classcraft 的做法是提供固定的世界地圖（全圖），在世界地圖中，授課老師可以設定很多的關卡，這些關卡各有關卡的地圖。Classcraft 提供很多關卡地圖讓授課老師選用，授課老師在這些關卡地圖中，設定節點作為關卡。

SEPPO

Seppo 是另外一個遊戲化教學軟體，Seppo 比較沒有角色扮演的成份在，因此不用選擇扮演的角色。Seppo 也提供故事情節作為背景，遊戲邏輯採取闖關的架構。Seppo 支援真實世界的地圖，因此可以設計成定位遊戲(location based)的遊戲，讓玩家開啟衛星 GPS 定位，真實到達指定地點後才進行回答。至於多靠近地點，

可以設定成 10 公尺、20 公尺或 50 公尺這三種選項。具體的例子是設定校園導覽挑戰，新生必須到校園的每個角落，闖過關卡，

如果不想使用 Seppo 的即時地圖功能，可以改成使用靜態地圖，就是上傳一張地圖，然後在上面設定闖關的關卡。既然是靜態地圖，而且不結合 GPS，這張地圖就可以是虛擬的地圖，或是任何的圖片。因此，授課老師可以畫一張古地圖，然後在上面設定關卡。具體的例子，是歷史老師用一張十字軍東征的地圖，然後設定很多個關卡，讓學生了解十字軍東征的歷史緣由與後續影響。

Classcraft 的課後練習題（或課前預習題）的主要做法是結合 Google Forms 的測驗功能。並提供師生討論的討論區。而 Seppo 並沒有銜接到 Google Forms，而是讓授課老師將測驗題目設定到 Seppo 內。支援的題目類型包括需要老師進行人工批改的創意練習 (creative exercise)，答題的方式可以是文字、圖片、影音。另外，也支援自動評分的單選選擇題 (multichoice exercise)、複選題 (checkbox exercise)、填空題 (missing word exercise)、配對連連看

(match pairs exercise)。這些練習題關卡，都可以設定成有時間限制。

Seppo 對於團隊合作、升級等的支援較少，比較無法用於班級經營。Seppo 的所有功能都屬於自學性質，並無針對課堂講授所提供的輔助支援功能。因此，Seppo 比較適合用於單一章節的學習，如果是整門課程時，需要另外安排如何串接所有章節。

因為結合 GPS 與 Google 地圖，因此 Seppo 有一個很特殊的遊戲化應用場域，就是用於博物館導覽、遊樂園區導覽、都市景點推廣。

KAHOOT

Kahoot 是很簡單的遊戲化學習的工具，主要用法就是把課堂小考或課後提問，以選擇題的方式，讓學生回答。Kahoot 的運作方法很簡單，老師事先出題後，取得一個代號。老師在教室中，用投影機播放，學生以手機用代號登入。學生無需登入帳號，只需輸入諸如代號或學號姓名。

Kahoot 主要是用於課堂氣氛的營造，增加互動感，尤其適合在演講結束後，進行有獎徵答。Kahoot 在播放時，有節奏明快的

音樂，有倒數計時，因此讓人有搶答的趣味感與緊湊節奏。為了增加趣味感，Kahoot 的答案選項是用顏色區分，學生只要按下所選的顏色即可。題目內容與選項內容，則都投影在教室螢幕，使得學生的注目焦點仍在前方的投影機，藉此維持課堂授課的重心。

BOOKWIDGETS

　　Kahoot 讓選擇題變得更為有趣，Bookwidgets 的主要內容是讓所有課後練習都能夠更為有趣。老師們傳統的課後題目，只能用選擇、填充、問答這幾種形式出現，很容易讓學生感到枯燥乏味。Bookwidgets 提供超過 40 個練習題的範本，每一個範本都是很有趣的問題形式，授課老師只要從中間選出合適的範本進行修改，就能出一個很有趣的練習題目。

　　舉例來說，課堂測驗可以轉換為像是填字遊戲(crossword riddles)、賓果(bingo)、記憶卡牌遊戲(memory games)之類的遊戲，讓課堂測驗更具有趣味性。

　　與 Kahoot 不同的地方，是 Kahoot 主要是用於課堂氣氛營造，Bookwidgets 則是讓課後作業的題型變得非常多元。但無論 Kahoot

或是 Bookwidgets，都只把重點放在題目的多元化，班級的經營與
授課期間的師生互動，則較少有著墨。

QUIZIZZ

　　Quizizz 的運作方式與 Kahoot 有些類似，都是以測驗題為主，
都可用於課堂上營造氣氛，也都有快速節奏音樂與倒數計時，讓
填答的學生產生緊湊的感覺。

　　但兩者也有差異，Quizizz 有調整的地方，是除了支援老師的
課堂內使用，也支援課後的自學，教師可以將各個單元的學習提
供給學生，讓學生自行掌握學習的步驟。

　　Quizizz 與 Bookwidgets 不同之處，在於 Quizizz 提供 40 種以
上的題目範本，但 Quizizz 與 Kahoot 都是以選擇題為主。

SOCRATIVE

　　Classcraft 與 Seppo 都將課後測驗以探險遊戲的方式來加以包
裝，而 Socrative 則未使用探險遊戲，而是將之包裝到一個名為太
空競賽(space race)的競賽。不過，Socrative 的主要功能還是測驗題

庫，遊戲化的成分不高，而且題目類型是以選擇題、是非題為主，雖有簡答題，但簡答題難以自動化更改。

老師與學生可以使用 Socrative 的 Android 或 iOS 手機 App，或是使用 Chrome 瀏覽器的外掛應用程式，來操作 Socrative。老師與學生使用的應用程式並不相同。

其他遊戲化教學軟體

遊戲化教學軟體當然不僅止於上述軟體，但有些遊戲化教學軟體並不適合使用於大學課堂，在此省略介紹。另外，有些軟體完全是題庫導向，屬於數位學習軟體，遊戲化成分低，因此也非此處所討論的標的。

針對國中、國小的遊戲化教學軟體

許多遊戲化教學軟體主要是針對國中、國小，介面設計明顯過度可愛，與大學生習慣的軟體不同，功能也經過簡化來配合國中、國小的教學。這些專門針對國小、國中所發展的軟體，要運用於大學，可能會有些格格不入的情況。因此，在此並未特別介紹這些針對國中、國小的遊戲化教學軟體。

針對在職訓練的遊戲化教學軟體

企業經常需要舉辦在職訓練，有很多在職訓練，需要以遠距、非同步的方式進行，有些在職訓練，則是短期的訓練班。這與大學班級的教學，有根本上的差異。這些企業內的在職訓練，一樣需要遊戲化的設計，才能吸引員工的目光。但員工都是成年人，甚至會有青壯年或中老年人，使用的軟體必定不同於學生，因此專門針對在職訓練所發展的遊戲化教學軟體，可能也無法用於大學課堂。

題庫為主的軟體

遊戲化教學的具體做法之一，是設法增加複習測驗或預習測驗的趣味化程度。因此，有些表面上自稱是遊戲化教學的軟體，實質內容只是題庫。

如果將測驗題庫轉換為具有遊戲化元素的測驗，讓學習更加有趣，也是不錯的方向。但是，如果測驗題庫的本質改變不大，此時學生是否感受到遊戲化帶來的樂趣？這是需要斟酌的。因此，單純的題庫，若無太多的遊戲化成分，在此處也就沒有介紹了。

遊戲化教學軟體要降低授課老師的負擔

遊戲化教學的本質是教學，而非遊戲化。授課老師是為了增加課程的趣味程度，而採用遊戲化教學。不能把所有備課時間都花在遊戲設定，變成「捨本逐末」，忘記了什麼才是教學的核心。

因此，在選擇遊戲化教學軟體的同時，除了評估軟體功能的好壞，更重要的是要評估授課老師需要花費的心力。如果授課老師需要耗費太多的心力，則將不是可行的方案。

具體舉例來說，如果可以直接使用 Google Forms 之類的題庫，或是直接使用外部的現有題庫，授課老師產製題庫過程中不需要太多額外的努力，就比較可行。相反的，如果匯入題目，授課老師就需花很多心力才能完成題庫。此時，就要仔細評估採用該遊戲化軟體的可行性。

類似的考量也出現在期末成績的評定。如果遊戲化教學軟體可以很容易的匯出學生的學習成果，在評定分數時，才不會造成老師的負擔。相反的，如果老師需要重新整理遊戲化教學軟體的積分，才能匯入到學校的教學系統，此時額外產生的負擔，也會造成授課老師採用的抗拒。

Chapter 6

遊戲化教學軟體的開發

遊戲化教學的本質是教學，而非遊戲化。授課老師的核心工作是教育，而非設計遊戲。因此，一個好的遊戲化教學輔助程式，必須要幫助老師進行教學。

目前的遊戲化教學的支援程式，種類選擇還不是很多元，實際可用的選擇很少。這也給新創業者一些商機，如果有同學的專題研究想要針對此一主題，或新創業者願意以此為主題創業，可以思考一下遊戲化教學的輔助軟體應該要達到哪些功能，以及目前的軟體有哪些缺點，來開發合宜的遊戲化教學輔助程式。

必須減少硬體需求

遊戲化教學軟體是老師教學過程中的輔助工具。如果要讓老師願意採用，則必須思考老師能使用的硬體設備有哪些。最簡單的問題，是課堂上，老師與同學有哪些設備可以採用？以及課後時間，老師與學生有哪些設備可以採用。

作業系統需求

作業系統需求必須要低，允許各種作業系統都能使用。這是因為涉及到課後時間學生必須自備連線設備，而且學生來源多元。

老師只要遇到少數學生無法使用此一遊戲化學習系統，就必須放棄導入遊戲化學習。因此，有興趣開發遊戲化教學軟體的廠商，務必做到學生端的系統需求必須極低。

簡單的說，學生端必須同時允許電腦、平板、手機來進行連線。並且降低系統需求。

電腦與平板的系統需求，建議是免安裝程式，直接使用瀏覽器連線，因為所有的電腦、平板，無論哪一種作業系統，都一定可以使用瀏覽器連線，這樣的安排就能讓系統的硬體需求達到最小。如果程式太過複雜，必須安裝程式才能使用時，就必須至少考慮 Windows、Mac iOS 作業系統。而且，必須要考慮不同版本的 Windows、Mac iOS 作業系統是否都能通用。

手機與平板，都還有另一個選項，是安裝 app 應用程式，而非使用瀏覽器。受限於手機螢幕較小，確實會有一種想法，是使用專屬 app 程式來執行操作。此時，要注意對於 Android 與 iOS 作業系統的支持。

硬體需求

硬體需求也是重點。教學現場經常會遇到異質化的學生背景，有些學生用最先進的手機，有些學生卻使用幾年前的舊款手機。此時，遊戲化教學軟體，必須降低系統的硬體需求，讓較為老舊的手機也能使用。再次提醒，如果遇到老師只要遇到少數學生無法使用此一遊戲化學習系統，就必須放棄導入遊戲化學習。系統開發者一定要注意此一現實條件。

另外，連線速度也要考量，不宜為了高品質畫面，而強迫要求高速的網路連線。許多學生家庭的網路連線狀況較為不佳，不宜強制要求高速的網路連線。遊戲化教學軟體系統必須要支援快速與慢速連線環境的使用情境，對於無法快速連線的使用者，仍能以較低解析度的圖像、影片品質的方式，維持繼續使用。不宜為了花俏，強制要求低連線頻寬的學生仍必須收看頻寬要求極高的動畫影片。

學生未攜帶手機、電腦，是否也能照常執行課堂功能

某些教學現場，課堂上根本不允許學生攜帶資訊設備，此時遊戲化教學的課堂功能，就要做到學生不使用手機、平板、電腦，也能參與課堂學習。

乍看之下，這看似很困難，但其實並不會。因為課堂上的功能，不外乎抽點學生回答問題、抽點學生完成任務、要求學生安靜以聆聽授課等，這些功能都有可能只使用授課老師的電腦就達到了。學生不用帶電腦、手機，也能照常執行遊戲化教學。

當然，如果要讓全體學生都各自個別回答問題，則一定需要學生攜帶某種資訊設備。在手機還沒普及的年代，有一種遙控器類型的回應設備，稱為即時回饋系統(Interactive Response System, IRS)，就是要在學生未攜帶手機的情況下，仍能回答選擇題類型的課堂問題。但在手機普及之後，專屬 IRS 硬體的需求降低了，因為對於教師來說，準備專屬 IRS 硬體是個承重的負擔。

在國小、國中、高中的教學現場，許多學校確實不願意學生攜帶手機進入課堂，因此，遊戲化教學軟體必須克服此一問題。隨著人工智慧的發達，是有可能破解此一問題的。例如讓學生用舉手的方式回答問題，再使用人工智慧影像處理的方式辨識每一個學生的答案。如果能做到此點，則可以做到學生未攜帶手機、電腦到教室，也能照常執行課堂功能。

遊戲化教學程式必須讓老師省時省力

授課老師之所以採用遊戲化教學，是希望課程更為有趣，但老師的核心是授課，不能把所有備課時間都花這上面。

設定必須簡單

遊戲化教學軟體必須要減少老師在設定上的心力負擔，如果授課老師需要耗費太多的時間在設定，則此遊戲化教學軟體難以獲得老師的青睞。

必須結合現有教材與題庫

老師多年授課累積了很多教材與題庫，教科書廠商也可能提供很多的補充教材與題庫，這些教材與題庫，是教學的核心。轉換為遊戲化教學的過程，如果不能善用這些現有教材與題庫，將會造成教學內容的實質損失。

具體舉例來說，授課老師的教學影片、投影片、補充資料，要能夠很簡單的鑲入遊戲化教學之中，最後是直接鑲嵌入，若無法鑲嵌入，也要能用超連結的方式使用。另外，不管哪一種線上教學軟體或教學輔助軟體，都會支援題庫，是否可以直接鑲嵌到

這些題庫，並將學生成績直接紀錄，例如直接使用 Google Forms 之類的題庫，或者至少支援 Excel 的 csv 格式檔案輸入題庫，讓授課老師產製題庫過程中，不需要花太多額外的努力。

相反的，如果無法匯入題目，使得授課老師需花很多心力才能完成題庫，就不算是好的遊戲化教學軟體。

必須能夠

類似的考量也出現在期末成績的評定。如果遊戲化教學軟體可以很容易的匯出學生的學習成果，在評定分數時，才不會造成老師的負擔。相反的，如果老師需要重新整理遊戲化教學軟體的積分，才能匯入到學校的教學系統，此時額外產生的負擔，也會造成授課老師採用的抗拒。

必須引發學習興趣

之所以要採用遊戲化教學，就是因為學生缺乏學習興趣。因此，遊戲化教學軟體一定要能夠引發學生的學習興趣，才算是達到目的。

有趣的故事情節背景

要讓教學變得有趣，必須要有「有趣的故事情節背景」，雖然此一情節與學習並不直接相關，但卻可讓教學較為有趣一點。

遊戲化教學軟體可以提供內建故事情節或是讓授課老師自行決定遊戲故事情節，內建的故事情節的優點是減少老師負擔，缺點則是同一學生經歷第二次遊戲化教學課程時，會發現故事情節雷同，而失去新鮮感。

讓授課老師自行決定遊戲故事情節時，老師可以創造出全新的故事情節，每一次都有新鮮感。但是，授課老師若還要構思故事情節，可能會覺得工作負擔太大，而且萬一思慮枯竭，想不出故事情節時，會造成瓶頸。

兩者折衷，由軟體提供內建的遊戲情節，但授課老師可以修改故事情節，或許也是可行方案。

玩法不能太過複雜

學生可能會沈迷於正常的 online game，花費大量時間，因此 online game 常常有複雜的規則。在設計遊戲化教學軟體時，很可能會以 online game 為典範，而把規則也設計得非常複雜。以 Classcraft 為例，除了角色的三種種類之外，角色有等級（可以設

定超過 40 個等級）、升級後可以取得技能、可以取得裝備、可以取得寵物，這些或許都還有容易理解，但除此之外，還有幾種點數：金幣 Gold Pieces GP、經驗值 Experience Point XP、能量點數 Crystal Power Point PP、生命點數 Health Point HP 等等。學生可能難以區分金幣、經驗值、能量點數、生命點數之間的差異，太過複雜的玩法，會讓學生搞混。

　　一個好的遊戲化教學軟體，不能夠喧賓奪主。遊戲化教學軟體的重點在於教學，而非遊戲。

玩法不能太過單調

　　過猶不及，如果玩法過度單調，也是個問題。如果只是答對題目，給積分，算排名。玩法單純，但玩久了，可能會覺得太過的枯燥乏味，學生也不願意繼續學習，那就失去的遊戲化教學想要達到的目的。

考量適用情境差異

　　學習不是只有一種情境，不同的教學現場，有不同的學習目標與教學情境。設計遊戲化教學軟體時，必須考量這次的學習是屬於哪一種情境的學習。

單次學習或整學期學習

有些學習屬於單次性的學習，例如演講，希望在二小時的時間範疇內，將思想、知識傳達給聽眾。此時，搭配一個演講中或演講後的觀眾互動，可以增加演講的趣味感，這也算是遊戲化教學，但性質與整個學期的學習大不相同。

如果是整個學期的學習，若能增加班級經營，可以豐富學習的內容，而且達到健全人際關係發展等更全面的教育目的，而非只是做到知識傳授。因此，遊戲化教學軟體針對的對象，到底是單次學習，還是整個學期的學習，這是必須考慮的。

課堂學習或是自主學習

Classcraft 是個同兼具課堂學習與課後自主學習的遊戲化教學程式，但這不代表一個遊戲化教學系統，必須兼顧課堂學習與課後自主學習。遊戲化教學系統可以是課後自主學習系統，也就是所謂的 e-learning 系統。學習者自主的上網完成自主學習任務，線上完成學習任務並取得證書。

相反的，遊戲化教學系統可以是課堂的支援系統，沒有課後學習的成分，所有的學習工作都在課堂上完成。

Chapter 7

遊戲化教學的實作案例

前已述及，並非每一種課程，都適合調整為遊戲化教學。如果學生學習動機已高，就不需要遊戲化，如果教材變化性高，也不適合採用遊戲化。如果課程專業程度高，無法製作遊戲化教材，也不適合遊戲化。

為了示範遊戲化教學的實際作法，以下簡要紀錄在一堂課程內的遊戲化教學的程序，以讓有興趣採用遊戲化教學的老師，有參考的依據。

課程選擇：何種課程適合遊戲化？

首先，在課程選擇上，尋找學生學習動機較低的課程。如果學生的學習動機已高，實在沒有必要將課程調整成遊戲化的課程。在此處，選擇一堂「傳播統計」的課程，作為測試的案例。

「傳播統計」課程為廣告系必修課程，但學生對於此課程的興趣，遠低於其他課程。廣告系有很多有趣的廣告製作相關課程，相形之下，「傳播統計」較不吸引人。

「傳播統計」總共開立兩個班級，以往都是以傳統課堂教學的方式進行。因為統計學的基本特性，也比較適合採用傳統課堂教學的方式進行。因此，在這個範例中，並不改變授課方式，而

是在傳統授課之外，額外增加遊戲化的元素，讓遊戲化教學的概念可以導入此課程。

為了瞭解傳統教學與遊戲化教學在學習效果的差異，只將一個班級的課程改為遊戲化教學設計班，另一個班級則維持傳統教學方式。因為課堂上課內容相同，授課老師相同，使用的教材相同，考試題目難度相同。因此，被分配到傳統教學與被分配到遊戲化教學的班級，上課內容是完全相同的。所不同的地方，只是遊戲化教學的班級，課後有被指派遊戲化的任務，這些任務內容是完成課後複習測驗。另外，遊戲化的班級，在課堂授課時間，會需要依循遊戲化的規則，從事遊戲化的活動，例如抽籤決定上台報告的同學。

遊戲化教學班（實驗班）共有 54 位學生；傳統教學班（對照班）共有 69 位學生。教學過程共經歷期初考試、十週課堂授課（兩學分課程，共計二十小時）、期末考試等階段。

期初測驗：先知道學生的先備知識

為了瞭解學生的先備知識，可以在學期第一週的時間，測量一下學生未授課前的統計學知識。此一期初測驗的成績，對應到期末測驗的成績，可以得到學生的學習成果。

期初測驗不計分，且不將考題發回，避免學生背誦題目。期初考試與期末考試難度相同。

課堂授課：不要因為遊戲化而犧牲授課內容

遊戲化教學組與傳統教學組，在課堂授課的部分，核心內容都是相同的。以同一個教材，由同一位老師，用相同的教法進行授課。

但不一樣的地方，在於遊戲化教學組的授課現場，導入遊戲化的成分，授課老師會用有趣的遊戲化功能，抽取學生在教室現場進行遊戲化互動。舉例來說，利用 Classcraft 程式的「命運之鑰」功能，隨機選擇學生或隊伍，以進行題目作答或課程活動。利用「傳令信使」功能，隨機開啟一次任務事件，要求某個學生或隊伍完成某一指定任務事件，例如對目前授課內容進行提問，並給

予相應的獎勵或懲罰等型式，以增加班級互動。在傳統教學組的授課課堂，一樣可以隨機選取學生或隊伍，一樣可以要求學生或隊伍對於課程內容進行提問，但並沒有特殊的名稱包裝此一選取學生或要求學生對答的過程。

表 3 傳統課堂內的做法如何轉換為遊戲化做法

傳統課堂做法	遊戲化教學做法
抽籤抽選學生	「命運之鑰」功能，隨機選擇學生或隊伍，進行題目作答或課程活動。
抽籤抽選指派任務	「傳令信使」功能，隨機開啟一次任務事件，要求學生完成，以增加班級互動。
進行隨堂小考	要求學生參加「魔王戰爭」，回答預先給定的題目，以打敗魔王。
要求學生安靜	使用「馬庫斯山谷」功能，測量教室的背景聲音。
要求學生互評	使用「古代聖堂」功能，要求其他同學給予上台的同學勉勵（或評論）。
倒數計時器	以「雪白山脈」功能進行倒數計時。
計時碼表	以「林間狂奔」功能進行計時。

當學生昏昏欲睡或注意力不集中時，也可以要求學生參加「魔王戰爭」，回答預先給定的題目，以打敗魔王。此一功能類

似於課堂抽考。在傳統授課課堂上，當學生昏昏欲睡或注意力不集中時，一樣可以進行課堂抽考，要求全體學生進行隨堂小考，但並無遊戲化的名稱進行包裝。

當教室太吵時，可以使用「馬庫斯山谷」功能，測量教室的背景聲音，如果同學仍繼續講話，分貝數超標，全班同學會受到懲罰。相反的，若聲音降低，全班同學會獲得獎勵。在傳統教學課堂，遇到教室太吵時，授課老師一樣會要求學生安靜，但無特別功能可採用。

另外，為加強同學間互動，遊戲化教學的課堂上，在同學上台報告後，可以使用「古代聖堂」功能，要求其他同學給予上台的同學勉勵（或評論）。在傳統教學課堂，一樣可以要求其他同學給予上台的同學勉勵（或評論），但並無特殊的介面或功能可使用，也沒有「古代聖堂」這樣的遊戲化名稱來呈現此一同學間互動的功能。

為了讓課程更為有趣，可以使用「雪白山脈」功能進行倒數計時，給予學生時間來思考。也可以使用「林間狂奔」的碼表功

能，計算學生花的多少時間才完成任務。這些功能在傳統授課組，使用的是一般的計時器與碼表。功能相同，但呈現形式不同。

課後學習：設法讓學生自發進行課後學習

　　遊戲化教學組與傳統教學組的修課學生，都被提供相同的課後自學教材，包括講義教材，以及課後練習題目。所不同之處，在於遊戲化教學組的教材，是以闖關的方式提供，學生必須完成一關的任務後，才能進行到下一關。

圖 2 課後自主學習關卡地圖範例

舉例來說，各章的課後教材與測驗，被分割成許多個小測驗，呈現在圖形化的介面，學生被要求要逐一完成這些功能，完成全部的小測驗。

與學期成績的連結：老師的重要考量

遊戲化教學所獲得的積分，是否直接連動到學期成績，是授課老師要決定的地方。連動與否，各有優劣。

若將遊戲化教學所獲得的積分與學期成績相連結，學生會有較高的參與動機，但也因此對於遊戲化所獲得的積分錙銖必較。如果遊戲化教學所獲得的積分，並未連結到學期成績，某些學生的參與動機會降低。兩者之間如何取捨，是授課老師要做的決策。如果兩者脫鉤，則遊戲化教學扮演的角色集中在「增加趣味性」。學生的成績仍與學習成果（例如考試成績）直接相關。

如果遊戲化的積分，是學期成績的一部分。此時，授課老師務必減少「機率」、「抽籤」在得分上獲得的比重，避免學生覺得遊戲積分主要來自於運氣，但卻直接影響到學習成績。

期末測驗：了解遊戲化教學的成果

期初考試與期末考試難度若相同（採用類似的題目），可以藉此為了瞭解學生的學習成效。將期末測驗與期初測驗成果相比較，學習成效立即可以展現。

必要時，期末測驗可以包括兩部分，一部分是與期初測驗相近的題目，一部分是新增的題目。此種設計可以對比期初測驗，也可以增加測驗的多元性。

若要採行與期初測驗相近的期末測驗，必須確定期初測驗不宜將考題發回，避免學生背誦考題。

真的提升學習效果嗎？執行成果分享

在本次的遊戲化教學班級中，期末成績平均提升 28.63 分，傳統教學班級的期末成績平均提升 18.94，遊戲化教學班級的平均成績提升高過傳統教學班級 9.69 分，兩個班級之間的成績提升有顯著差異（$p=0.002$）。

期末成績比較高，會不會是因為同學本來就具有較多的知識呢？這種同學本來就具有的知識，可以稱為先備知識，也就是課程授課前的期初測驗成績。為了知道先備知識（期初成績）對於期末學習成果的影響，我們確認了兩個班級（遊戲化教學、傳統

課堂教學）的期初成績並無顯著差異（t=0.752, p=0.454），但期末成績達到顯著差異（t=2.613, p=0.01），且期初與期末之間成績提升幅度達到顯著差異（t=3.175, p=0.002）。實驗班（遊戲化教學）的期初成績與成績提升幅度的相關係數為 0.115，相關係數未達顯著水準（p>0.05）。顯示成績的提升並不是來自於期出成績。

更特別的是，我們發現對照班（傳統教學班）的期初成績與成績提升幅度的相關係數為-0.33，具有顯著負相關（p<0.05），顯示原本較具有先備知識的學生（期初考試成績較高的學生），在傳統教學方法中，能獲得的成長反而較低。這次的課堂實際資料，發現傳統教學方法更不利於本來就具有知識的學生，這是很特別的發現，傳統教學方法反而適合低先備知識的學生。另外，對照班的期初成績與期末成績的相關係數為 0.210，相關係數未達顯著水準（p>0.05），顯示對照班（傳統教學法）的期末成績也不是取決於期初成績。

整體來說，遊戲化教學是有助於提升學習成效（期末成績）的。

Chapter 8

學生的回饋

授課老師採用遊戲化教學的主要目的，在於提升學習成效。但學生是怎麼想的呢？大部分老師並不怕累，怕的是熱臉貼冷屁股，認真的準備了遊戲化的課程，學生到底有沒有認真的看待呢？還是只是很敷衍的應付了事呢？雖然系統上有紀錄學生在各關卡的通過紀錄，但學生對於遊戲化課程內容的參與情況到底是如何呢？

以下分享學生對於遊戲化教學的心得回饋。學生的回饋分成兩次收集，一次是針對 53 位學生的書面意見的收集，以學生 1 至學生 53 的方式紀錄，一次是針對四位學生的深度訪談，以學生 α、β、γ、δ的方式紀錄。訪談與書面意見都只是用來呈現學生回饋的遊戲化教學的優缺點，因此盡量保持匿名性。

提升課程的趣味性

53 位參與遊戲化學習並完成課程的學生中，有 30 位學生主動提及遊戲化學習可以增加課程的趣味性。學生的反應，符合預期。遊戲化教學的目的，就是要讓學生覺得課程是有趣。

學生對於遊戲化學習對於課程趣味性的提升的想法，大約還可以細分成以下幾類：

讓困難的課程變得簡單

在本次遊戲化教學的示範課程中，試辦課程科目為「傳播統計」，許多學生覺得這堂課很難，但遊戲化學習可以讓這堂課程變得簡單很多。同學提到：

⇨ 這堂課太難了，要念書考試，就比較沒興趣（學生γ）
⇨ 我覺得有（讓困難的課程變得簡單），因為如果這個課直接上課的話有點難（學生 β）

感覺到新奇、新鮮好玩

許多學生覺得遊戲化學習是很新奇、新鮮的，學生提到的心得想法包括：

⇨ 課程搭配遊戲我覺得還蠻好玩、有趣、新奇、活潑、新鮮、多元化。(學生 1、8、12、26、35、37、50)
⇨ 我覺得加入了這個遊戲後，一開始覺得很好玩也很新奇，跟以往的課程有很大的不同，應為這個遊戲使我會常常打開來看有沒有新的題目，我覺得搭配課程是很棒的。(學生 11)
⇨ 搭配 Classcraft 的上課方式真的非常有趣跟新穎，從來沒想過可以透過遊戲的方式讓上課產生這種化學反應，希望以後還有更多這樣的上課方式。(學生 19)

⇨ 我一開始覺得蠻好玩的，會每次很期待破關，幫角色換新裝。(學生 25)

⇨ 其實老師一開始說以遊戲的方式來上課還挺期待的，藉由每次一次透過遊戲來複習每次上課的內容後，對於課程內容更進一步的認識加深印象，挺生動有趣的，本來死板的課程都變得活潑有趣了。(學生 28)

⇨ 我有因為遊戲常常上去看有沒有新的習題，蠻符合的，覺得蠻有趣的，多了一個趣味，讓課程不會太無聊，遊戲也讓我練習到很多題目。(學生 34)

⇨ 這學期使用 Classcraft 平台配合課程，覺得挺新鮮有趣的，用與我們生活相關的遊戲形式結合教學內容，回答問題或繳交作業皆可累積經驗值，也可使用魔力來換取一些有趣的小道具，讓上課多了新鮮感。有符合預期，挺好玩的。(學生 39)

⇨ 第一次遇到利用課程與遊戲結合的課堂，這樣子的上課方式會提升學生對課堂的興趣度，也覺得其他的課程也能跟進，讓遊戲與上課做結合，除了有趣味性在，也增進了學生上課的意願，所以我覺得還不錯。(學生 53)

⇨ 裝備跟寵物很吸引我，有把裝備換到最高等，覺得好玩（學生 δ）

⇨ 有認真玩遊戲，覺得好玩，有一直買裝備、養寵物（學生 δ）

可以提昇專注

學生也提到，有趣的遊戲化教學，可以提昇學生對於課程的專注。舉例來說，學生提到：

⇨ 我認為這堂課用 classcraft 平台教學讓上課內容生動活潑許多，會更讓同學能夠專注。(學生 41)

讓枯燥課程變得沒有那麼無趣

對於較為生硬枯燥的課程來說，遊戲化教學更能達到效果。許多學生都提到，這堂課程本來是非常枯燥乏味的課程。但加入遊戲化教學的成分以後，課程變得沒有那麼無趣。舉例來說，學生提到：

⇨ 加入了 Classcraft 平台來配合課程，確實有讓比較枯燥乏味的統計學變得更活潑有趣。(學生 2、23)

⇨ 課後複習遊戲增加了統計學的樂趣。(學生 4)

⇨ 加了遊戲有增加這堂課對我的吸引力，遊戲練習的方式比一般的作業來得更加有趣。雖然後面發現這堂課所教的內容比預料中的還要難很多！但還是感謝老師用這種方式讓這堂的課沒有那麼的無趣。(學生 14)

⇨ 我覺得很棒，能用遊戲的方式來進行課堂練習是一個很棒的方式，能促進我們的學習動力，也不會那麼的無聊。(學生 17)

⇨ 我覺得這堂課少了 classcraft 的話會少了幾分有趣，因為內容算是偏無聊的理論（統計學的部分）。(學生 20)

遊戲化真的能讓枯燥的課程變得有趣一點嗎？以訪談的方式向學生再次確認，發現有些同學確實覺得

⇨ 我覺得會有一點幫助，感覺課程會比較活一點，就不會像純粹考試或純粹寫作業那樣比較死板，會增加一點互動性（學生 α）

⇨ 覺得在課堂中加入遊戲是一個很好的方式，可以讓這堂課沒那麼無聊（學生γ）

比其他課程有趣

相對來說，遊戲化教學的課程，比其他課程來得有趣。舉例來說，學生提到：

⇨ 我覺得上了這半學期的課，我感覺有用 Classcraft 這個平台比其他課程有趣多了，平台上的習題，讓我能更加瞭解自己不會的有哪些。(學生 49)

⇨ 我覺得有加入遊戲的課一定會比較有趣也比較有互動，至少會讓我興趣比較高一點，因為比較偏理論的課，像是這堂課的內容對我來說就比較無聊比較困難，（學生 α）

⇨ 會希望其他的課也有遊戲，這樣可以多一個樂趣（學生 β）

闖關答題是好玩、有趣的

完成課後作業，完成課後複習測驗，原本是很枯燥乏味的作業任務。但採用教學遊戲化以後，學生的反應是正面的。舉例來說，學生提到：

⇨ 透過遊戲的方式來闖關題目比較有趣。(學生 6)

⇨ 我覺得運用遊戲跟題目的結合真的有讓學習變好玩，讓我們更有想要答題的慾望，也不會那麼枯燥乏味。(學生 18)

⇨ 喜歡（這個遊戲），因為可以換裝備，因為朋友跟我說可以換很多裝備，我就有去玩裝備（學生 β）

⇨ 這個遊戲最喜歡玩的是換裝備，因為看起來很誇張，還有寵物（學生 β）

⇨ 其實我本身不太玩遊戲，剛好這個課程有遊戲讓我玩一下，覺得還不錯（學生 β）

對於遊戲的進展有期待

遊戲化的設計，學生無法立刻知悉下一步會是什麼，這樣的神秘感，讓學生對於遊戲的進展有所期待。此一期待有利於鼓勵學生繼續完成課堂指定任務。舉例來說，學生提到：

⇨ 我覺得很好玩，因為每次回答完，都不知道可以開啟什麼新的配備，或是新的驚喜，算是抽盲盒的感覺。(學生 45)

讓課程有特殊記憶點

學生上過的課程很多，實在很難對特定課程留下深刻印象。有學生指出，教學遊戲化的設計，因為相當有趣、新鮮，因此讓學生留下特殊的記憶點。舉例來說，學生提到：

⇨ 因為有 classcraft 的關係，讓我對這堂課有特別的記憶點，雖然這堂課的內容是我不感興趣的課。但是要搭配遊戲平台上課的時候，的確非常新鮮，從來沒有這種特別的方法來銜接教學。(學生 13)

⇨ 會因為遊戲更注意這堂課，因為會想要快一點晉級（學生 α）

提高學習動力

遊戲化教學的最終目的，是要提升教學成效，讓課程有趣，只是手段。許多學生指出，遊戲化教學設計，確實讓他的學習動力獲得提升。

課程有趣之後，學習動力提升

課程變得有趣之後，學習動力自然會獲得提升。舉例來說，學生提到：

⇨ 整體來說，我認為老師用這種方式是很新穎，也是讓我們更有動力去學習不熟悉的知識。(學生 18)

⇨ 我跟朋友會為了闖關而更認真做練習題。(學生 2)

⇨ 答完題目任務以後升級，會很有成就感。(學生 35)

⇨ 多了此平台的遊戲，讓我能在遊戲中學到知識，而不是單單死讀書的方式，也提升學習的動力。(學生 30)

⇨ 這學期一開始知道是以遊戲來上課，所以每次上課我都是滿懷期待的。前幾個禮拜都挺好，但後來因為疫情關係變成了遠距，雖然也不是第一次遠距，但就挺難受的，因為我也因為疫情的影響也被匡列隔離。但也不會影響我對這堂課的熱情，因為我本身就是一個喜歡遊戲的人，所以就算受疫情影響也不會影響我去上面破關解遊戲。哈哈哈。(學生 22)

這種學習動力的提升，可能是來自於想要獲得遊戲中的積點的原因。舉例來說，學生提到：

⇨ 遊戲中透過闖關升級來獲得愛心值、能量值及裝備等等，都促使我上線練習題目。(學生 37)

⇨ 我覺得結合遊戲確實會讓學生有動力答題，而且遊戲內還有配合課堂懲罰或是獎勵。(學生 20)

⇨ 我在課後當天都會把該週遊戲完成，一部分也是因為想在遊戲裡拿到高分。在進行遊戲時，會一邊做各單元的重點整理，確實完成每個單元的複習。一開始期初對這個遊戲蠻有興趣的，喜歡這種互動式教學，這樣就能隨看到自己

的學習成效，也比一般只有死板的上課來的更有動力許多。
(學生 36)

⇨ Classcraft 平台確實有助提升於我的學習興趣。我有因為遊戲而更常上線做習題練習，甚至每次上課都會留意分數，這種有獎勵有罰的方式讓我更能投入課程吸收知識，它對我的影響絕對比預期高。(學生 43)

⇨ 為了換到更多的裝備，我會想要進去遊戲裡面破關，增加金幣。(學生 45)

⇨ 有遊戲的得分配合有增加（課後練習）填答的意願。(學生 50)

⇨ 會因為遊戲機制更常做題，想存金幣買寵物，也符合期初想通過遊戲學習的期待。(學生 9)

學習動力可以克服課程難度問題

有些課程的難度，對於許多學生來說，是相當艱難的。本次遊戲化教學的標的課程：傳播統計，就有同學覺得是非常困難的課程。

⇨ 老實說，我覺得有點乏味也有點難（應該是指統計學課程內容），但我還是有努力讀懂。雖然我上課上一下，就沒在聽了，因為理解比較慢，所以都會自己回家看回放影片，自己慢慢讀。(學生 7)

⇨ 還是覺得統計學很難，但不至於聽不懂，基本概念還可以理解。(學生 9)

⇨ 這跟我一開始想像的統計很不一樣，我以為統計都是一大堆數學題，但在上了這堂課後發現統計是在資料分析的基礎上收集、整理、歸納和分析反映數據資料，讓我比較沒那麼害怕，但即便上課很認真聽講，回家也有聽錄影做筆記，在 Classcraft 上作答時還是錯很多……有點自信心受創，但比起每次上課都隨堂考這種遊戲的方式可以讓我比較願意學習，不過到後期好像比較沒有大家一起玩遊戲的競爭感了。(學生 48)

適當的遊戲化，可以讓課程更為有趣，降低學生對於課程的排斥。本次的遊戲化教學，也發現遊戲化教學設計可以達到降低學生抗拒的效果。舉例來說，有學生提到：

⇨ 雖然這堂課的內容是我不感興趣的課。但是要搭配遊戲平台上課的時候，的確非常新鮮。(學生 13)

⇨ 雖然後面發現這堂課所教的內容比預料中的還要難很多！但還是感謝老師用這種方式讓這堂的課沒有那麼的無趣。(學生 14)

⇨ 我覺得這堂課少了 classcraft 的話會少了幾分有趣，因為內容算是偏無聊的理論（統計學的部分）(學生 20)

超越其他同學的成就感

因為遊戲化教學的設計上，會有一些積分、等級、技能、虛擬裝備寶物之類的設計，這提供了同學一些成就感。如果能夠認

真學習，得到較高的積分、等級，就能獲得新的技能，取得裝備。
舉例來說，學生提到：

⇨ 因為我本身是一個好勝心很強的人，所以因為遊戲而更常
上線做練習題，也因為想要遊戲贏別人，哈哈哈哈，就是
變得更厲害，然後就因此學到一些課堂上的知識，也符合
我一開始知道要搭配這堂課的預期，知道要搭配遊戲結合
課程時，其實就有想到就會有像我一樣的同學會喜歡使用
這種像遊戲的方式來進行學習。(學生 21)

⇨ 在遊戲中可以跟同儕去做比較，等級比同學高有成就感，
有競爭感比較有動力（學生 δ）

這種成就感，不一定是超越他人，也有可能是在遊戲中「升
等」所產生的成就感。這是一種跟自己的比較，可以因此而提升
學習動力

⇨ 多了遊戲讓我更有動力去學習，因為可以讓自己的角色換
裝，會很有成就感。(學生 34)

⇨ （我）覺得幫助很大，因為如果只是看 PPT 寫練習題會很
無聊，有遊戲可以升等很有成就感（學生 δ）

提升學習效果

知識傳播是教學想要達到的最終目的，有些教學做法雖然讓同學感到很有趣，但所傳達的教學內容很有限。遊戲化教學並非只有提升教學滿意度，而是真的能提升學習效果。

有助於自主學習

遊戲化教學包含的內容，包括課堂內的學習，以及課後的部份。課後的部份包括課前預習與課後複習，翻轉教學強調課前預習，而本次的案例則將重點放在課後複習。

在遊戲化教學的教材設計中，課後習題已經被重新調整成很多的小單元，學生以闖關的方式，通過每一個單元。這樣的設計，許多學生反應表示，非常有助於自主學習。舉例來說，學生提到：

⇨ 這樣的平台非常適合我，因為裡面的每個關卡題目其實都不多，但是這樣成效反而極佳，因為每練習一次我對課程的內容就更加了解，而且也可以當作玩遊戲，領取獎勵，分泌多巴胺使我更想繼續下個關卡挑戰自我。(學生 3)

⇨ 經過這學期傳播統計學課程，使用課後複習遊戲增加了統計學的樂趣，也會為了要升級，每次都會提醒自己，下課後，要趕快完成關卡通關卡，然後又能增強記憶力，是一個不錯的學習方式。(學生 4)

⇨ 這學期遠距教學了一陣子，感覺使用這個程式有幫助到無法到學校上課的我們。(學生 8)

⇨ 一開始就是老師遊戲關卡開到哪裡，就會跟著進度做到哪裡（學生 α）。

更願意課後學習

採用遊戲化教學後，學生反應他們更願意進行課後學習。舉例來說，學生提到：

⇨ 感覺會比較願意去寫功課，另類闖關的方式也會讓我心情比較好，不會好像很枯燥乏味，偶爾的升級也會讓我比較意外，會更期待每次的答題。(學生 32)

⇨ 也因為遊戲的關係，會比其他科目更常做習題，習題做完也會有遊戲幣跟經驗值，讓你在結束後可以幫角色做打扮，比較不會那麼無聊。所以整體來說使用這個平台來輔助教學，算是有超乎原本想像的，非常棒。(學生 33)

⇨ 這學期利用 Classcraft 平台讓我對這個課程更有想要了解的想法，也會利用平台去填寫老師給的題目，其實每個關卡都是老師給我們的一點知識和課程內容，只要我有去填大概都會更了解當天上課內容，也會變得很積極去過關卡，不只能了解課程，也很好玩。(學生 44)

可以掌握學習的節奏

　　許多學生提到，遊戲化教學可以附帶提供的好處，是學生可以自行掌握學習的步驟，不必一次完成全部的學習。這種將教學內容切割為較小單元，以便學生可以利用片段時間進行學習，也是目前的線上教學的發展主流。舉例來說，同學提到：

⇨ （每一關卡）題目不多，剛剛好，我覺得很適合。(學生 50)

⇨ 因為搭配遊戲的緣故，而且是手機遊戲，讓我更能利用時間，例如上下課的通勤時間，個人覺得這對於通勤族來說十分方便，隨時可以掌控節奏，很方便，有符合我之前對這個平台的預期，(學生 51)。

⇨ 挺好的平台，讓下課回家複習的時候可以再次透過遊戲的方式得到良好的學習，一次 3 題一個禮拜分開做也不會有太大的壓力，比起固定上課的來說，已經算好了。(學生 38)

⇨ 因為有 Classcraft 搭配課程學習，有讓我對課程有更多了解，在闖關的同時一邊複習上課所學，我覺得對學習很有幫助，尤其是利用每關短短的題目，讓我能輕鬆地學習，總之，有達到學習加乘的效果。(學生 47)

增加平常的練習意願

　　將課程補充教材與練習題目上網，並提供遊戲化的設計，最大優點是學生可以進行反覆練習，達到自我學習的效果。許多學生特別提到此點，舉例來說，學生指出：

⇨ 目前用下來，覺得是可以，因為有練習題在那裏，可以搭配課後複習使用。(學生 5)

⇨ 考時前再搭配一次複習內容我覺得有達到預期。(學生 5)

⇨ 透過遊戲能夠把當日課程再複習一遍，我覺得對我來說是有效的，題目也不會太多。(學生 6)

⇨ 遊戲的題目可以練習覺得蠻好的。(學生 15)

⇨ 但我還是認為與這個平台搭配課程是很好的，因為即使我平時沒有在回答問題，但考試前我還是能使用它來複習題目。(學生 23)

⇨ 在課程中加入 Classcraft 平台，課程有變得更加多樣性。課堂中老師雖然會講解，內容也都講解得很清楚，但時間一過可能就會忘記，Classcraft 的題目可以提供我們二次記憶，其實還滿不錯的，對我來說幫助挺大的。(學生 33)

⇨ 我覺得搭配 Classcraft 平台來配合課程非常好，因為跟傳統課程不一樣，會讓我多多上線練習題目。(學生 37)

⇨ 我對這堂課的想法是我覺得加入遊戲後，更方便我進行課後練習。(學生 40)

⇨ 從練習題當中也是有學到自己解決問題的能力，有助於加深印象，是有符合我的預期的，因為感覺做過的題目記得更清楚。(學生 41)

⇨ 我覺得用 app 來搭配教學還不錯 主要是在課堂之外可以再額外去做練習，像是有些特定的題目你可以再針對特定的專有名詞額外去上網查，所以我個人覺得是很不錯的(學生 42)

⇨ 上課時，如果有不熟悉的內容，回家之後搭配老師放的教材，再讀一遍，讀完之後做題目，就會非常印象深刻，這對學習有很大的幫助，對課程內容也會更熟悉。(學生 45)

⇨ 透過遊戲能夠把當日課程再複習一遍，我覺得對我來說是有效的，題目也不會太多，並且透過遊戲的方式來闖關題目比較有趣。(學生 6)

平時不讀書，考前臨時抱佛腳，這是許多課程中，常態性的碰到的學生學習態度，但是，遊戲化學生可以讓學生平常就想要對課程內容進行複習，這是很棒的改變。從同學們的回饋，可以得知：

⇨ 幾乎所有關卡都是做了兩次，都是第一次的時候自己先做一遍題目，做完之後會對答案，等到期中考前的時候再做一次複習（學生 α）

⇨ 這堂課的遊戲不定時出現新關卡，導致平常就會關注這堂課，不時就會作先出的關卡練習，不像其他課到期中考才一次複習壓力比較大（學生 δ）。

⇨ （我）有去看 PPT，上課也有認真聽，但我覺得最主要還是在遊戲裡面有練習題目。（學生 α）

⇨ 有重複答題，就是做一次之後看答案，隔幾天再做一次（學生 β）

⇨ 有些比較簡單的練習題只做一次，有些比較難的關卡就有重複去做，做到會（學生 δ）

當然，並不是所有同學都反覆練習，也有同學提到，只會練習一次。這在一般課程上本來就是常態：

⇨ 做過的題目只做過一次，沒有重複再做過（學生γ）

遊戲化教學的障礙

一樣米養百樣人，遊戲化教學的立意雖然良善，但絕對不是適用於所有的學生。許多學生因為不同的理由，而覺得遊戲化教學並不理想。

軟硬體與操作問題

這些缺點理由中，以軟硬體與操作問題最為嚴重。顯示若要做到好的遊戲化教學，軟硬體的配套絕對不可少。

Classcraft 顯然還有一些軟體設計的待改善之處，許多學生提及他有操作上的問題。導致這狀況的原因眾多，導因於 Classcraft 的部分，是 Classcraft 與 Google Forms 的連結，有時會產生錯誤。另外，有些時候是因為學生的手機較為老舊，性能較為不足，或相容性較為不足。還有一些可能原因是因為學生使用多個 Google 帳號，因此經常必須登入不同的帳號。還有一種可能是某些學生的軟體操作能力本來就較為不足。

因為反應此一問題的同學眾多，為了釐清此一問題，也專門訪談幾位同學，詢問他們遇到的問題。根據同學的說法：

⇨ 我沒有很常開這個遊戲，因為遊戲很容易當掉。一開始一直很卡，後來換帳號就使用起來很順了。（學生 β）

⇨ 但是這個遊戲有點當，一開始認真填，但是填完了表單卻送不出，經過幾次後就不想再使用了，是因為操作很卡所以不想玩，而且不只有我這樣，我有些朋友也是這樣的狀況（學生 γ）

⇨ 有時候明明有送出，但遊戲中又沒有我的紀錄，但是在表單的後台明明有紀錄（學生 γ）

⇨ 遊戲中的 GOOGLE 表單跳出畫面再回來就會沒辦法送出，有點麻煩（學生 δ）

由前述的學生反應可以得知，Classcraft 此一程式仍有改進的空間。這也提供新創企業可以切入的缺口。如果有企業有興趣於此，可以進行這方面的改善。

經過摸索之後，發現最主要的問題，其實來自於 Google 表單設定時，設定成只能填寫一次，為了做到只能填寫一次，Google 的作法是要求「登入帳號以繼續使用」，但此視窗會擋住 Google 表單的畫面，並且無法關閉此視窗，導致學生無法填寫 Google 表單，故而無法完成任務。

　　此時，學生被導向由瀏覽器開啟的 Google 表單頁面，而非由 Classcraft App 所開啟的介面，此時學生可以在瀏覽器開啟的 Google 表單頁面填寫表單，並送出，但問題出現了：因為不是在 Classcraft App 裡完成 Google 表單，所以在 Classcraft App 中學生

並沒有完成 Google 表單，進而無法點選「任務完成」，此事件會處於未完成的狀態。

圖 3 造成重大使用障礙的 Google Forms 設定問題

也就是說，Classcraft 會因為 Google Forms 這一個「只限回答

一次」設定，而使得學生必須跳出 Classcraft，改成到瀏覽器去回

答問題。既然是在瀏覽器回答問題，Classcraft 當然就不知道學生是否完成作答。這就造成後續的紀錄不一致。學生完成問題，但 Classcraft 並不知道學生已完成問題。

最簡單的解決方式，是到 Google Forms 表單的設定，不要開啟「只限回答一次」設定。進入 Google 表單的「設定」，選擇「回覆」項目，將「只限回答一次」的選項關掉。

有些學生可能只是囫圇吞棗地背下答案

採用遊戲化教學後，學生的成績確實是提升了，但有些學生是透過反覆練習來提升成績的。學生真的搞懂了嗎？這是老師關心的。在訪談學生的意見後，發現雖然大部分學生都覺得學會了，但也有學生反映到：

⇨ 這個課的內容也不是很擅長，有些真的不是很瞭解，只好硬讀（學生 α）。

⇨ 題目有一半是理解的，有一半不是很理解的題目就有點用背答案的感覺（學生 β）

也就是說，學期結束後，確實學會了這些知識，但不一定真正懂。這是授課老師必須注意的地方。就如學生提到的：

⇨ 考試的部分我覺得會有差，因為有重複練習，成績就比較好。但報告的部分就還是要真的理解才能做出來（意思是沒有做報告無法融會貫通）（學生 α）

有些學生沒有被遊戲化吸引

並不是每個學生都會被遊戲化教學所吸引，有些學生並不覺得遊戲化學習有什麼特別。

⇨ 好像也不是因為遊戲而比較常做題目，只是想驗證自己有沒有搞懂/預期的話，沒有想像中好，但也沒有很差！(學生 7)

⇨ 因為什麼買裝備之類的遊戲對我來說沒有甚麼吸引力吧！(學生 7)

⇨ 沒有因此常做練習題，雖然一開始覺得配合遊戲上課是蠻不錯的方式，但現在因為這學期報告太多，大部分時間一忙就忘記，就不會特別去玩遊戲。但還是很喜歡老師的上課方式，不會無聊還能聽得懂。(學生 29)

對於常玩線上遊戲的人來說，Classcraft 的功能真的是太簡單了，因此，有同學反映到：

⇨ 希望遊戲性可以再更多一點，比如說裝備不只是外觀，可以有點效果（學生 δ）

⇨ 我個人覺得如果今天是養一個寵物，寵物可以成長，根據遊玩了方式不同，寵物成長的外觀、能力值也會不同，還

可以跟同學之間戰鬥，這樣的遊戲會比較感興趣，自己的人物角色成長比較無感（學生γ）

⇨ 動畫設計很好笑，可以再更好一點（學生γ）

⇨ 對換裝備換寵物不太有興趣（學生γ）

有些學生甚至覺得遊戲化是個無聊的主意。但覺得遊戲化教學很無聊畢竟是少數。

⇨ 我覺得老師上課很認真，我覺得不錯，不過我覺得classcraft 遊戲平台蠻無聊，但總之我是覺得其他都好 (學生 10)

久了就疲勞了，後期的新鮮感減少

有些學生表示，一開始或許覺得遊戲化還不錯，但久了之後，開始覺得遊戲化學習沒有什麼特別。因此，遊戲化的新鮮感，可能無法維持太久。許多遊戲有生命週期，玩久了就膩了。遊戲化教學也應該會有同樣的狀況。

⇨ 一開始覺得蠻好玩的，但後來其實蠻常會忘記這件事情的。(學生 1)

⇨ 如果沒注意到或是沒提醒，會忘記要去做答。(學生 50)

⇨ 到後期好像比較沒有大家一起玩遊戲的競爭感了。(學生 48)

⇨ 這堂課加了遊戲以後，我剛開始會主動去完成裡面的任務作業，但是到後來並沒有比較常點開它，有時候會忘記。(學生 35)

遊戲賺得的積點沒有實質功效

遊戲中賺得的積點，以及取得的技能，到底要有什麼用處呢？這真的考驗授課老師。授課老師若將積點、技能連結到學習成績，可能會擔心導致學期成績的不公。但沒有連結到成績，學生也會反應遊戲賺得的積點沒有實質功效。兩者之間的折衷，是個很大的學問。在本次課程中，學生反應到：

⇨ 上課期間沒有要用到遊戲中的技能，使得自己沒有動力去答題。(學生 23)

⇨ 但或許是因為沒有規定作答期限，所以我並沒有因為遊戲而常上線做習題。(學生 26)

師生互動不一定增加

遊戲化學習想要增加師生互動或是學生間互動的立意相當良善，學生雖然不常與老師互動，但心理上，學生其實是很喜歡互動的。例如有學生反映到：

⇨ 比較喜歡台上跟台下互動多一點的課程，討論多一點的課程（學生 δ）

雖然遊戲化教學有刻意設計功能以增加師生互動，一開始也有增加師生互動的情況。但互動頻率很快就降低了。平實而論，遊戲化教學不一定真的有達到增加互動效果。例如有學生反映到：

⇨ 一開始有用讚美話語跟同學打招呼（學生 δ）

⇨ 一開始選角色的時候，會跟同組的同學討論大家要選什麼角色（學生 δ）

⇨ 一開始有用讚美話語功能讚美朋友，覺得很好笑很好玩，但後來就不太用了，因為感覺沒什麼用（學生 β）

大部分的同學，都提到師生互動、同學間互動，並沒有因為遊戲化教學而提高很多。根據訪談的結果，學生提到：

⇨ 遊戲本身就比較沒有跟老師有特別的互動（學生 α）

⇨ （師生互動）可能沒有到很多，因為我們就是自己上網做題目而已，可能遇到問題才會去問老師（學生 α）

⇨ 遊戲上的問題我沒問過老師，我主要是期中考之後報告的部分會去問老師問題，因為可能就比較困難一點所以就比較常問老師問題（學生 α）

⇨ 因為本來都是同班同學朋友（所以並沒有增加學生間互動）（學生 β）

⇨ 跟原本就沒有在互動的同學，就還是沒有互動，但是跟平常就有再互動的同學，就是本來就比較熟的朋友，就會在玩遊戲的時候互相討論一下。（學生 α）

Chapter 9

如何用 Classcraft 進行遊戲化

以下列示說明如何使用遊戲化教學程式 Classcraft 來進行遊戲化教學。Classcraft 設計的有點類似於角色扮演遊戲，可以用電腦的瀏覽器使用，也有 Apple iOS 作業系統或 Android 作業系統的 app 可以使用[3]。

圖 4 Classcraft 網站的畫面

---

[3] 所有的 Classcraft 截圖與相關智慧財產，均屬於 Classcraft 所有，此處僅為介紹使用。https://www.classcraft.com/

Classcraft 有付費與免費的版本，如果要將課後練習測驗融入到遊戲化學習中，則必須使用付費版，費用為每年 120 美元。付費版已經具有單一課程所需的功能。但若要有跨課程的功能，可以選擇全校授權版。無論老師使用哪一種版本，學生都無需付費。

Classcraft 是一個以網路平台形式建立的教學遊戲系統，可以在電腦、平板電腦與手機等等裝置上使用，實現遊戲化的教學設計，其畫面精美、功能細節完備，可以增進教學場域中教師與學生的互動，以及提高學生的課程參與；亦可以邀請學生家長加入（這主要適用於國中生、國小生），以讓家長掌握學生的學習狀況。

與大部分的線上遊戲一樣，Classcraft 採用的邏輯是透過闖關來賺取各種點數，來提昇遊戲中角色的等級。Classcraft 有裝備、寵物、技能等設計，讓課程更像個角色扮演遊戲。

Upgrade the Adventure with Premium

	基本 免費版 註冊 Never expires. Upgrade at any time.	付費版 $120 / yr 升級 Prices are in USD	SCHOOL & DISTRICT 最優版 Request Your Quote Enhanced Security. Advanced control. Admin Support.
Gamified Classroom Management	✓	✓	✓
Customizable Characters	✓	✓	✓
Parent Features	✓	✓	✓
Personalized Learning Quests		✓	✓
Interactive Class Tools		✓	✓
Extra Gear & Pets		✓	✓
學生分析			✓
School Dashboard			✓
School Climate Index			✓
Enhanced Security			✓
Phone Support			✓
Custom PD Support			✓

圖 5 Classcraft 的定價 (2022 年下半年資料)

表 4 可採用的遊戲元素

遊戲元素與內容	說明
角色 Avatar 分成戰士 Warriors、法師 Mages、治療師 Healers	－ 三種不同角色，具有的技能不同 － 同組成員可以扮演不同角色，互相支援，達到團體互動的目的
角色等級 Level 藉由經驗值 XP 來進行升級，本次課程設定每 1000 個經驗值可升一級	－ 角色升級可取得裝備（服裝）與資源（能量點數、金幣）。 － 學期結束時，可以用等級與經驗值換算同學在此學期的課堂參與
技能 Skill 戰士 Warriors、法師 Mages、治療師 Healers 各角色具有的技能	－ 三種不同角色具有不同的技能 － 各種技能可以幫助同組同學，或者幫助自己豁免課堂作業，或其他特權
金幣 Gold Pieces GP 購買裝備以裝扮虛擬角色，並可添購寵物	－ 賺取之金幣，可以用於購置裝備、添購寵物 － 讓自己的角色與團隊更加酷炫
經驗值 Experience Point XP 可用於角色的升級	－ 每 1000 個經驗值可升一級 － 學期結束時，可以用等級與經驗值換算同學在此學期的課堂參與
能量點數 Crystal Power Point PP	－ 施展技能時，需使用能量點數
生命點數 Health Point HP 角色的生命點數	－ 若低於零時，需接受懲罰 － 缺席、遲到、未交作業，會降低生命點數。同組同學可以施展技能，幫助恢復生命點數

表 5 遊戲化教學規則與達成之目的：課堂內

對應的課堂 行為項目	獎 懲	希望 達成目的	Classcraft 對應功能	獎懲 對象
全組成員準時到班 獎勵	獎勵	提升課堂參與	正向行為	分組
缺席或遲到	懲罰	提升課堂參與	負面行為	個人
下課時全組成員均 繳交心得(學習單)	獎勵	提升課堂參與	正向行為	分組; 個人
未聽課或在聊天	懲罰	提升課堂參與	負面行為	分組; 個人
提前離席或未繳交 心得(學習單)	懲罰	提升課堂參與	負面行為	個人
主動上台報告創意 思考結果	獎勵	提升課堂參與	正向行為	分組
主動回答課堂提問	獎勵	提升課堂參與	正向行為	分組; 個人
隨機點選一位學生 發表意見或提問	隨機	提高互動	命運之輪	個人
隨機點選一組回答 課後習題	隨機	提高互動	命運之輪	分組
隨機產生一個事件	隨機	提高互動	傳令信使	分組; 個人

表 6 遊戲化教學規則與達成之目的：課後

對應的課堂後 行為項目	獎懲	希望 達成目的	Classcraft 對應功能	獎懲 對象
在 Facebook 社群主動 參與討論	獎勵	提升課後 參與	正向行為	個人
課後補充教材學習	獎勵	鼓勵自主 學習	探險	個人
自主學習測驗練習	獎勵	鼓勵自主 學習	探險	個人
通過複習測驗	獎勵	鼓勵自主 學習	魔王戰爭	個人
未繳交作業報告	懲罰	鼓勵自主 學習	懲罰	個人
拯救其他隊員	同學 互助	鼓勵團隊 合作	技能	個人
團隊排名	同學 互助	鼓勵團隊 合作		分組

　　若要在大學課程中採用 Classcraft 進行遊戲化教學，可以採行的程序，列示如圖所示。主要的施行程序：

1.確認學生之先備知識、學習動機

2.設計所有的遊戲化元素於教學活動

　包括：

　負面行為給予懲罰

　正面行為提供獎勵，獎勵活動多元，包括虛擬角色、等級提升、技能提升、金幣、經驗值、能量值、生命值等。

3. 設計機會事件，讓課程更加有趣

　設計挑戰與魔王競爭，讓學生進行課後自主學習時，可以更加有趣

4.進行課堂授課，並引進遊戲化元素

5.學生進行課後自主學習，引進遊戲化元素

5.將遊戲化內容轉化為學習成績。

6.進行期末成績衡量、學習動機衡量，確定本課程學習成效

如果用流程圖，可以呈現如附。

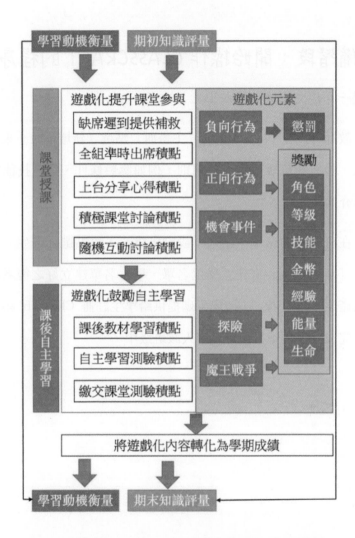

圖 6 利用 Classcraft 進行遊戲化教學的程序範例

準備階段：開始操作 CLASSCRAFT 的程序

準備一：建立班級、加入學生：

教師可以在 Classcraft 的「主畫面」點選「新增班級」來建立班級，並針對班級設定遊戲規則，例如獎懲條件、角色技能數值、顯示介面及音效。

在班級內的選單中點選「設定班級」，再點選「學生」，再點選「新增學生」來建立學生名單，學生名單建立好之後系統會自動產生「學生碼」，將學生碼提供給學生註冊 Classcraft 帳號，學生完成註冊帳號後便可以進入該班級中。

圖 7　Classcraft 建立班級頁面

圖 8　Classcraft 新增學生頁面

準備二：創建角色

學生完成註冊帳號、加入班級後，在班級中擁有自己獨立的角色，可以選擇角色職業，職業有戰士、法師以及治療師等三種，透過在課程中的表現累積經驗值而升級，並且學習各種技能、蒐集各種裝備、寵物及編輯角色外觀。

為了增加學生間的互動，可以讓學生分組，組成團隊。

戰士　　　　　　　治療師　　　　　　　　法師

圖 9 Classcraft 的角色 Avatar

準備三：遊戲看板

Classcraft 的功能選單中的「遊戲看板」可以看到班級中所有學生的狀態，包括學生角色頭像、遊戲等級、能量點數等等，授

課老師可以直接在這個頁面點選學生的頭像查看其詳細資料，以及進行獎懲（給予經驗值、金幣或扣減生命點數）。

圖 10　Classcraft 遊戲看板截圖

課堂授課：可以使用的 CLASSCRAFT 功能

Classcraft 可以用於課外時間，以讓學生進行課前預習、課後複習、自主學習。除了課外時間，在授課時間，授課老師還是要設法維持課堂氣氛，讓課堂更為有趣，而非枯燥乏味。此時，授課老師可以使用的「課堂功能」包括以下 8 個功能項目。這些項目，都只是課堂上本來就使用的功能，但加上有趣的畫面與名稱，將常用的課堂功能包裝成有趣的功能：

- 「命運之鑰」（隨機選擇學生或隊伍）

- 「傳令信使」（機會事件）

- 「馬庫斯山谷」（學生講話音量控制）

- 「魔王戰爭」（形成性評量複習，就是考試的意思）

- 「古代聖堂」（讚美話語）

- 「雪白山脈」（倒數計時）

- 「林間狂奔」（碼表）

● 「塔夫洛斯寶藏」（成績換算）

Classcraft 的這些功能，可以幫助教師在課堂中執行多樣的教學活動、與學生進行多元的互動，進而達成協助教師執行遊戲化的教學實務。以下分別介紹 8 個課堂功能：

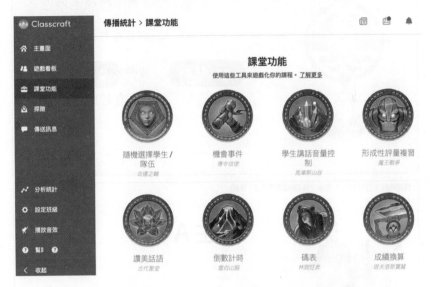

圖 11　Classcraft 支援的課堂功能

功能一：命運之鑰

此功能可以幫助學生隨機選擇學生或隊伍，以進行題目作答或課程活動，並且設定獎勵（經驗值）或懲罰（損失生命點數）。例如，教師教學至一個內容段落時，出一個題目（可以是選擇題、

問答題、是非題與填充題等等題目型式），使用命運之鑰隨機選擇學生或隊伍進行答題。其實，這就是有趣介面的抽籤功能。

圖 12　Classcraft 課堂功能：命運之鑰

功能二：傳令信使

　　傳令信使就是一個隨機事件，將預先設定的任務，以機會事件的形式隨機出現。例如，教師教學至一個內容段落時，使用傳令信使開啟一次事件，事件內容可以是某個學生或隊伍直接獲得獎勵或懲罰，或是要求某個學生或隊伍對課程內容進行提問，並給予相應的獎勵或懲罰等型式，以增加班級互動。

　　傳令信使的目的，是增加課程的趣味性。命運之鑰是隨機抽取學生或小組，而傳令信使則是隨機選取事件。

圖 13　Classcraft 支援的課堂功能：傳令信使

　　教師可以自行設定傳令信使中的機會事件，在選單中的「設定班級」的「遊戲設定」中的「機會設定」進行設定。

圖 14　Classcraft 支援的課堂功能：傳令信使中的機會事件

功能三：魔王戰爭

　　魔王戰爭就是建立測驗，進行小考。Classcraft 可以將小考設定為魔王戰爭，這可讓課程變得更為有趣。老師可以設定戰鬥名稱（意思就是測驗的標題）、題目（題數不限）、獎勵（可以提供經驗值或金幣作為獎勵），並設定這個測驗要求學生以個人或隊伍的形式參加測驗。可以指定某個學生或隊伍參加魔王戰爭，或由系統隨機選出學生或隊伍，進行評量複習。

　　例如，用魔王戰爭設定每堂課程內容的複習測驗，於每堂課程結束後要求學生或隊伍完成測驗。

圖 15　Classcraft 支援的課堂功能：魔王戰爭

圖 16　Classcraft 支援的課堂功能：魔王戰爭

功能四：古代聖堂

　　古代聖堂功能，可以讓學生把讚美的話語，寄送給同學。這個功能的目的，是讓學生間可以有多一點互動，不過，為了避免學生間寄送不適當的話語，學生寄送讚美話語後，要先經過教師的核可才會送達給同學。

圖 17　Classcraft 支援的課堂功能：古代聖堂

功能五：馬庫斯山谷

　　這個功能比較適用於學生會在教室內講話的課堂，為了控制學生的講話音量，可以設定一個音量值，要求學生的講話音量不可以超過此音量值，並設定獎勵（經驗值、金幣或生命點數）。

學生比較吵的情境，在國中、國小的課堂，比較常會出現。不過，某些大學課堂，也是會出現學生聊天的情境，跟學生的訪談結果，以及教學現場實況的觀察，許多班級的上課現場還是挺吵的，如果吵到實在受不了，此時就可以使用這個功能。

如果太吵，大家就會被扣分。相反的，如果很安靜，沒有超過音量值，就能獲得經驗值、金幣或生命點數。

圖 17　Classcraft 支援的課堂功能：馬庫斯山谷

功能六：雪白山脈

雪白山脈其實只是倒數計時器功能。計時器的時間可以自由更改。

所謂的遊戲化教學，就是讓課程變得較有趣味。本質仍然是教學。老師當然也可以使用一般的時鐘程式，來執行倒數計時器功能。可是，使用一般的時鐘程式，就沒有趣味了。同樣的倒數計時器功能，加上一個美麗的雪白山脈背景，就有趣多了，不是嗎？

實際的操作應用方式，可以是授課老師出一個課堂問題，要求所有同學（或各分組）都來回答。在結束倒數計時後，答對的同學或隊伍給予獎勵（經驗值）或懲罰（損失生命點數）。

這也可以搭配抽籤功能（命運之鑰）來進行。例如，依據課程內容，制定一套卡牌，教師利用命運之鑰功能，隨機抽點一位學生或一個小組團隊。之後，要求學生抽出一張卡牌（傳令信使），教師再利用雪白山脈（設定倒數計時器），要求學生在時間內，完成該任務。此一任務可以是諸如教科書內的一個段落的解釋，或者一個觀念的介紹，或者朗讀該張卡牌內容。若學生成功地在

指定時間內（倒數計時內）完成任務，則給與獎勵，若失敗則給與懲罰。

圖 18　Classcraft 支援的課堂功能：雪白山脈

功能七：林間狂奔

計時功能就是碼表功能。

所謂的遊戲化教學，就是讓課程變得較有趣味。本質仍然是教學。老師當然也可以使用一般的時鐘程式，來執行碼表功能。可是，使用一般的時鐘程式，就沒有趣味了。同樣的碼表功能，加上一個林間騎著動物奔跑追逐的畫面，就有趣多了，不是嗎？

實際設計時，可以根據耗掉的時間，給予學生或隊伍獎勵（經驗值）或懲罰（損失生命點數）。具體作法是授課老師出一個課堂問題，要求同學（會隊伍）來回答。並依據耗費時間，給予加分，或者記錄下來，作為各組競賽的基礎。

這也可以搭配抽籤功能（命運之鑰），抽點一位學生或一個小組團隊，要求學生抽出一張卡牌（傳令信使），教師再利用林間狂奔（碼表），計算學生（或隊伍）完成該任務耗用的時間。並加以記錄，或直接給予適當的積分或懲罰。

圖 19　Classcraft 支援的課堂功能：林間狂奔

功能八：塔夫洛斯寶藏

成績換算功能，將在 Classcraft 以外的成績換算成 Classcraft 裡面的獎勵（經驗值），可以手動輸入或從 Excel 及 Word 等等檔案中複製一批成績貼進 Classcraft 的欄位中。

塔夫洛斯寶藏就是計算分數，計算分數功能也取一個很有趣的名子，這就是遊戲化學習的精神。

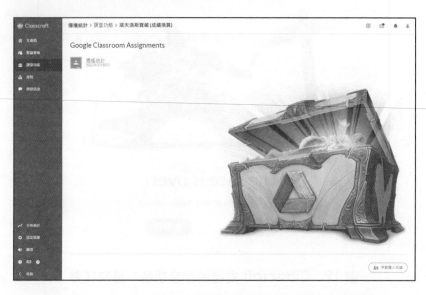

圖 19　Classcraft 支援的課堂功能：塔夫洛斯寶藏

課後階段：探險

課後階段，無論是課前預習，或是課後複習，或是學生自主學習，都是課程的重要延伸。如果能夠提升學生在課後時間的學習投入，對於學習成效的影響是相當深遠的。

Classcraft 可以用類似闖關的方式，支援課後階段的學習，Classcraft 提供一張精美的地圖作為畫面，教師可以在地圖中，將課程學習內容設計成遊戲。這些學習內容，可以包含教材（影片、講義），也可以包含測驗（測驗題）。

授課老師可以設計虛擬的故事劇情，讓整個闖關遊戲更為有趣。可以設定任務內容，也可以設定完成任務的期限，以搭配課程進度。也可以不設定期限。授課老師也可以設定獎勵（Classcraft 遊戲中的經驗值或金幣），讓學生可以在虛擬地圖中探險，觀看故事劇情、完成任務並獲得獎勵。另外，關卡都有一個討論區，教師及學生可以留言討論。

圖 20　Classcraft 支援的課後功能：探險

具體的作法，是先到 Classcraft 探險介面，設定所有的闖關關卡，每一個關卡對應到教科書的每一章。進入每個關卡後，可以看到一條路徑，路徑內有每一個節點，這些節點代表學生需要達成的任務，可能包括閱讀教材（講義資料、網站、Youtube 影片、Podcast 聲音課程、或其他形式教材），以及閱讀教材後，參加測驗（課前考試或是課後複習考試）。教材可能是區分為若干單元的，每一單元的教材看完後，都要完成考試。因此，會有很多需要完成的步驟。教材可以是擇一閱讀的，例如網站資料與講義資料可以是擇一閱讀，Youtube 與 Podcast 教材可以是擇一的，此時

路徑可以設成是多條路徑平行的，無論走哪一條路徑（Youtube 或 Podcast 教材），都可以到達測驗。並於通過測驗後，進行下一個步驟。

圖 21　Classcraft 探險小地圖頁面截圖

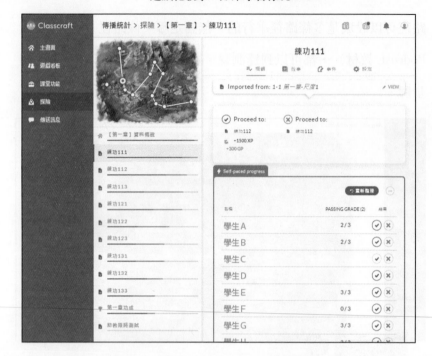

圖 22　Classcraft 探險小地圖內關卡

　　從後台紀錄，老師可以查看每個學生在每一個任務關卡的情況，例如觀察學生是否都已完成某一章的學習測驗，以及各關測驗的答對題數狀況。老師可以將每一個測驗題目的題數減少，但每一個小單元都舉行測驗，學生若發現卡關，可以重新回去閱讀教材，看懂了再回來作答，達到學習的目的。

師生溝通：傳送訊息：

網路時代，學校老師與學生，經常會建立即時通訊聯絡方式。

有些老師或學生不喜歡公開自己的 LINE 或是 Facebook，以避免課堂教學延伸到各自的私下社交生活。因此，Classcraft 提供即時通訊的功能，教師可以在此功能中，選擇向整個班級、個別學生傳送訊息及檔案，而不必使用私人的 LINE 或 Facebook。

圖 23 Classcraft 傳送訊息頁面截圖

分析統計：瞭解學生學習狀況

Classcraft 提供統計分析功能，授課老師可以回顧學生紀錄，以了解學生的學習狀況。

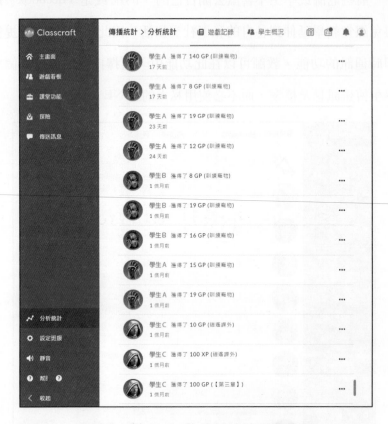

圖 24　Classcraft 分析統計頁面截圖

Chapter 10

學生如何操作 Classcraft

步驟一：手機下載「CLASSCRAFT」APP

學生並不一定會帶電腦到教室，因此，建議學生還是安裝 Classcraft 的 App 為佳。 另外，學生是來上課的，課程背後的教學原理，不一定需要完全知道，因此，如果講太多遊戲化學習原理，或是講太多 Classcraft 運作原理，除了讓學生感到混淆以外，並無太多好處。因此，建議只要請學生安裝軟體即可。

1. 安裝方式一：在 iOS 的 App Store 或 Google Play，搜尋「Classcraft」並下載應用程式。

2.安裝方式二：掃描 QR code，或是點選、輸入網址進行安裝 https://tw.piliapp.com/lnk/dl/com.classcraft (此為轉址服務)

Classcraft

Classcraft Studios Inc.

圖 25　Classcraft 網址條碼

步驟二：註冊帳號，加入課程

打開 Classcraft，點選頁面最下方的「**創建學生帳號**」。學生可以用 Google 帳號、Apple 帳號或 Classcraft 帳號來登入。雖然可以用 Apple，但如果要使用 Google Forms 的測驗題考試功能，建議還是以 Google 的帳號來登錄最為順暢，而且學生也不用混淆，什麼時候要使用 Google 帳號，什麼時候使用 Apple 帳號。

學生必須要跟老師或助教索取「學生碼」，學生碼是老師在「準備階段」建立班級、加入學生的過程中，把學生都加入到名單內，才能產生的。如果有剛剛加選的學生，就必須先在 Classcraft 系統中，加入學生名單。取得學生碼，才能開始。如果要省事一點，可以在修課名單比較穩定後（第一次加退選後），再開始 Classcraft 的遊戲。

步驟三：創建角色

加入課程成功，Classcraft 會說明 Classcraft 簡介，之後學生要創建自己的角色。

這些說明，主要是要告訴學生，即將展開一場冒險旅程，體驗更有趣的課程！當學生表現良好時，老師獎勵經驗值，擁有足夠的經驗值後，學生就可以使用特別的能力！

比較「殘念」的地方，是這裡的說明主要是英文的，因此，對於不熟悉英文的同學來說，可能會有一點點的障礙。比較簡單的方法，是上課時，先進行解釋，之後帶領著學生，一步一步完成角色創建的工作。因為遊戲化教學若搭配分組的方式進行，會更能達到效果，因此，實務操作時，可以先要求同學分組，然後在教室課堂內操作示範，之後就請同學立刻創建角色。此時，因為老師仍在課堂，若有操作上的問題，可以立刻解答。

或者，還有另一種方法，是預先製作一份投影片檔案，將創建角色過程中的步驟逐一解釋，讓學生自己在家做。

在開始時，學生必須選擇一個酷角色，這個角色可以是戰士、治療師或法師，每個角色擁有不同的外觀和能力！每個角色擁有獨特的能力和特色。

- 戰士是最強壯的，而且可以用他們的能量點數來保護隊友。

- 治療師和睦且善解人意，可以治療自己與別人。

- 法師雖然比較不強壯，但他們可以補充盟友的能量點數。

當學生獲得經驗值而升級，就可以用金幣(GP)購買新裝備。老師會用金幣和經驗值獎勵學生的正向行為！每收集齊全一套完整的裝備，就可以解鎖一隻寵物。

執行寵物訓練任務可以獲得一些金幣。當一隻寵物完成訓練後，就可以選擇將它擺在自己的角色旁邊。

歡迎加入 Classcraft

Welcome to Classcraft!

You're about to embark on an adventurous journey towards a more positive and fun classroom with your entire class!

When you behave well, your teacher may give you Experience Points. Once you have enough, you can use special powers!

Let's see how it works!

● ● ● ● ●

繼續

屬於你的角色

Your very own character

You'll get to choose a cool character that will evolve and grow with you throughout the school year.

You can be a Guardian, Healer, or Mage, each with their own special look and powers!

● ● ● ●

繼續

酷且獨特的能力

Cool and unique powers

Each character class has unique powers and characteristics.

The **Guardians** can use their Crystals to protect teammates and are the toughest of all classes.

The **Healers** are peaceful and empathetic. They can heal themselves and others.

Less sturdy than other classes, the **Mages** can replenish their allies' Crystals.

● ● ● ● ●

繼續

自訂你的角色

自訂你的角色

As you gain Experience and level up, you'll be able to purchase new gear for your characters with the Gold Pieces (GP).

Your teacher might give you some GP AND Experience Points for **positive behaviors!**

● ● ● ●

繼續

裝備與訓練寵物

Equip and train pets

After purchasing a complete gear set, you'll automatically unlock a pet.

Send your pets on training missions to get some Gold Pieces.

● Once a pet is fully trained, you can choose to display it beside your character!

● ● ● ●

開始

你即將展開一場冒險旅程，體驗更有趣的課程！當你表現良好時，你的教師也許會獎勵你經驗值，而當你擁有足夠的經驗值時，你就可以使用特別的能力！來看看Classcraft是怎麼運作的！

選擇一個酷角色陪你一起參與這個學期以及成長。你可以成為一個戰士、治療師或法師，每個角色擁有不同的外觀和能力！

每個角色擁有獨特能力和特色。戰士是最強壯的，而且可以用他們的能量點數來保護隊友。治療師和睦且善解人意，可以治療自己與別人。法師雖然比較不強壯，但他們可以補充盟友的能量點數。

當你獲得經驗值而升級，就可以用金幣(GP)購買新裝備。你的老師可能會用金幣和經驗值獎勵你的正向行為！

每收集齊全一套完整的裝備，就可以解鎖一隻寵物。執行寵物訓練任務可以獲得一些金幣。當一隻寵物完成訓練後，就可以選擇將它擺在自己的角色旁邊。

圖 26　Classcraft 角色創建流程

此時，學生可以選擇你的角色，就像玩角色扮演遊戲一樣，不同的角色，有不同的獨特能力。

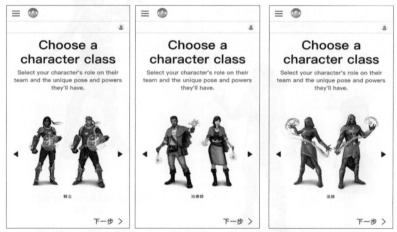

圖 27　選擇 Classcraft 角色：共有三個角色可以選擇

接著，可以選擇角色的外觀。有一些外型可以選擇。選擇角色的外觀後，點選「開始」進入課程。

153

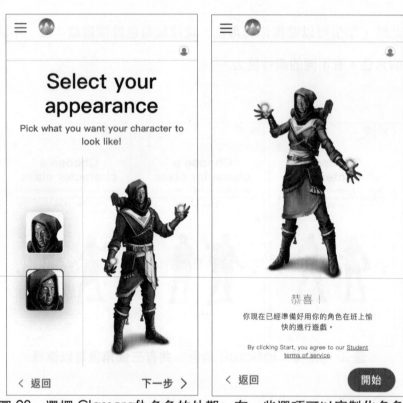

圖 28　選擇 Classcraft 角色的外觀：有一些選項可以客製化角色

步驟四：進入課程遊戲

進入課程後，首先會進入「我的角色」的「個人圖像控制板」頁面。你的角色已經準備就緒！

點選「等級」進入「等級軌跡」頁面，就能看到升等可以獲得的獎勵。功能表中，可以看到「裝備」與「寵物」，這是學生到目前為止已取得的裝備與已經養的寵物。「探險」則是自主學習的關卡，裡面有提供的教材與需要通過的測驗。至於讚美話語則是可以對於其他同學的讚美。傳送訊息則與 LINE 或 Facebook 訊息傳送的功能相近，適合於同學間，以及老師、助教與同學的私訊或訊息傳遞。

圖 29　學生完成 Classcraft 的角色創建

Chapter 11

課程中的 Classcraft 設定

學生在 Classcraft 中，需要通過關卡，閱讀課程的教材，並闖關通過測驗，可以獲得獎勵（點數、升級）。

授課老師為了讓課堂內學習與課後學習的過程中，都能吸引學生的興趣，需要設定一些獎勵措施。

這些設定，如果非常複雜，不要說學生記不清楚規則，老師也不見得記得。

但是，如果規則太過簡單，可能達不到遊戲化的優點，而變成跟傳統課堂沒有太大的差別。

如果規則出現漏洞，則又是另外一個狀況，學生可能會緊咬這個規則上的漏洞。因此，必須先跟學生說明，如果規則出現漏洞，授課老師會適時調整規則。

以下就以實作過的一堂課程：「傳統統計」的設定，來解說 Classcraft 的設定。此一簡要說明只是要提供一個範例，當老師們不知該如何設定時，這一個設定範例就提供了最簡單的一個設定參考。

設定一：等級升等

升等可以獲得獎勵，獎勵有：

1. 可購買裝備解鎖：

   達到特定等級後，可以解鎖特定裝備的購買。但不是每次升等都有新的可購買設備的解鎖。

2. 獲得新的技能：

   達到特定等級後，可以解鎖遊戲角色取得的特定技能。不是每次升等都有新的技能被解鎖。

   舉例來說，可以設定隱形術（可以迴避回答問題一次）、逍遙課外（可以缺席一次）、閉目養神（可以趴著聽課一次）等有趣的功能，達到此一等級之後，就可以執行這一個特定技能。

   有些功能可能很吸引學生，例如隱形術（可以迴避回答問題一次），當學生被老師點名提問時，如果學生正好心不在焉，無法提問，此時，隱形術正好可以幫助學生迴避這個尷尬時間。

159

3. 取得新的資源：

老師可以設定每次升等可以獲得 1 點能量點數，及一些金幣。也可以設定最高等級，例如不能超過 40 等，以避免獎勵過度膨脹。

圖 30　遊戲角色目前等級的截圖圖示

設定二：點數設定

　　點數是整個遊戲化教學的核心，設定點數的數值，是 Classcraft 運用於教學時的關鍵。在 Classcraft 需要設定的項目包括：經驗值(XP)、金幣(GP)、能量點數、生命點數(HP)

　　以下簡要介紹在本次課程中，點數的設定。每一堂課程都需要根據授課老師的想法與需要，來進行點數設定。不過，此處的設定是很具有參考性的，如果授課老師不知道如何設定，可以先這樣設定一下。

經驗值 Experience Point (XP)

用途：每獲得 1500 點經驗值可升 1 等。

獲得方法：

- 在「探險」完成關卡可以獲得經驗值。

- 完成老師要求的「正向行為」可以獲得經驗值。例如，上課回答問題、上課主動提問……等等。老師會根據每次上課情況提出不同要求，獎勵的經驗值也不一。

金幣 Gold Pieces (GP)

用途：購買裝備。

獲得方法：

- 在「探險」完成關卡可以獲得金幣。

- 完成老師要求的「正向行為」可以獲得金幣。例如，
  上課回答問題、上課主動提問……等等。老師會根據每
  次上課情況提出不同要求，獎勵的金幣數量也不一。

- 完成「訓練寵物任務」可以獲得金幣。

能量點數 Crystal Power Point (PP)

用途：消耗能量點數來發動技能。每個技能所需要的能量點數不
盡相同，若能量點數不足則無法使用技能。

獲得方法：

- 每次升等可以獲得 1 點能量點數，最高到 40 等，超過
  40 等不再獲得能量點數。

- 為鼓勵學生使用能量點數，避免學生只是累積點數，
  而不使用，每個職業的能量點數有固定上限額，當能
  量點數處於滿點時，除非用掉點數，否則升等也不會
  獲得能量點數獎勵。例如，戰士的能量點數上限是 4 點，
  升等時可獲得 1 點，但超過 4 點時，就不能再獲得這 1

點獎勵。換言之，當能量點數處於滿點狀態時升等，升等獎勵的能量點數作廢不計，無法加回。

- 法師的技能「法力轉移」，讓法師以外的所有隊友恢復 1 點能量點數。
- 法師的技能「法力之泉」，法師使用此技能，可以將一位法師以外的隊友的能量點數全部恢復。

生命點數 Health Point (HP)

用途：當生命點數只剩下 1 點時，會被處罰。老師可以事先設定處罰項目，例如撰寫一篇 1000 字的心得報告。

獲得方法：

- 做了老師定義的「負面行為」時，會被扣除指定數量的生命點數。

抵消被扣生命點數：

- 法師的技能「法力護盾」，使用此技能的法師，可以抵消 1 點生命點數的傷害。
- 戰士的技能「初級保護」，使用此技能的戰士，可以替隊友承受最多 2 點生命點數的傷害，而且只會扣其中的四分之三。

- 戰士的技能「中級保護」，使用此技能的戰士，可以替隊友承受最多 4 點生命點數的傷害，而且只會扣其中的三分之二。

- 戰士的技能「高級保護」，使用此技能的戰士，可以替隊友承受最多 6 點生命點數的傷害，而且只會扣其中的二分之一。

恢復生命點數：

- 戰士的技能「緊急處理」，使用此技能的戰士，可以恢復 1 點生命點數，而且每升 5 級可以額外再恢復 1 點生命點數。

- 治療師的技能「初級治療」，可以讓一名隊友恢復 2 點生命點數。

- 治療師的技能「復活數」，當一位隊友的生命點數被扣至 1 點時，使用此技能可以讓該隊友避免進行處罰判決，並且以 1 點生命點數的狀態復活。

- 治療師的技能「中級治療」，可以讓一名隊友恢復 5 點生命點數。

- 治療師的技能「療傷聖環」，可以讓除了治療師的所有隊友恢復 3 點生命點數。

- 治療師的技能「高級治療」，可以讓一名隊友恢復 9 點生命點數。

正向行為

用途：完成老師要求的「正向行為」可以獲得經驗值和金幣。

獲得方法：

學生點選畫面中的「經驗值」與「金幣」，會進入「正向行為」的清單頁面，老師可視課程情況增加正向行為的項目。老師如果想要學生採取什麼正向行為，例如主動提問，此時就可以在正向行為裡面列表，以說明哪些行為會獲得加分

負向行為

用途：做了老師定義的「負面行為」時，會被扣除生命點數。

獲得方法：

點選畫面中的「生命點數」，會進入「負面行為」的清單頁面，老師可視課程情況增加負面行為的項目。若有增加項目，

老師會先布達周知才開始執行，不會溯及既往亦不會突然增加項目逕行扣分。

處罰條款

用途：當生命點數只剩下 1 點時，必須適用處罰條款。

獲得方法：

顯示處罰的內容，完成處罰的內容後跟老師確認，老師確認同學確實完成處罰內容後清空。同學若沒完成處罰，將會影響平時成績。

老師可以事先設定處罰項目，例如撰寫一篇 1000 字的心得報告。

圖 31　點數與正向行為列表的截圖圖示

設定三：技能種類

學生需要消耗能量點數來使用技能，每個技能所需要的能量點數不盡相同。

授課老師必須為每一項技能，設定使用時需要的能量。這個設定如果太寬鬆，學生可以隨意使用，會影響教學成果。如果設定的太嚴格，很難使用該技能，則遊戲化教學也難以達到效果。因此，授課老師在設定點數時，務必取得折衷。

以下提供一個範例當作參考。

通用技能：

角色創立完成後即擁有的基本技能，與職業角色無關。每一種角色都有這些通用技能。在本次課程中，設定的通用技能包括：逍遙課外技能、閉目養神、隱形術。這三種技能內容整理如表所示：

168

表 7 通用技能範例

技能（解鎖等級）	技能內容
逍遙課外技能 （任何等級均可使用）	消耗 4 點能量點數使用此技能，可以缺席課程一次而不用被扣學期分數，一學期最多只能使用 3 次。
閉目養神 （任何等級均可使用）	消耗 2 點能量點數使用此技能，可以趴著聽課 30 分鐘一次，而不用被扣生命點數。
隱形術 （任何等級均可使用）	消耗 2 點能量點數使用此技能，可以跳過回答老師的問題一次。

升級解鎖技能：

角色升級至特定等級，可以解鎖特定技能，每個職業獲得的技能不盡相同。

等級設定很多級時，會讓學生產生誘因，趕快進階到下一級，以便解鎖功能。但如果規則太過複雜，也會讓學生感到規定非常瑣細，這中間的拿捏，需要授課老師斟酌。

表 8 戰士專屬的技能

技能	解鎖等級	技能內容
初級保護	等級 2 解鎖	消耗 1 點能量點數，可以替隊友承受最多 2 點生命點數的傷害，而且只會扣其中的四分之三。
小衝刺	等級 5 解鎖	消耗 1 點能量點數，可以跟老師要小獎勵：500 經驗值與 500 金幣。
緊急處理	等級 9 解鎖	消耗 1 點能量點數，可以恢復 1 點生命點數，而且每升5級可以額外再恢復1點生命點數。
大衝刺	等級 13 解鎖	消耗 2 點能量點數，可以跟老師要好獎勵：1200 經驗值與 1200 金幣。
中級保護	等級 17 解鎖	消耗 2 點能量點數，可以替隊友承受最多 4 點生命點數的傷害，而且只會扣其中的三分之二。
超級衝刺	等級 23 解鎖	消耗 3 點能量點數，可以跟老師要超級獎勵：2100 經驗值與 2100 金幣。
高級保護	等級 29 解鎖	消耗 3 點能量點數，可以替隊友承受最多 6 點生命點數的傷害，而且只會扣其中的二分之一。
終極衝刺	等級 35 解鎖	消耗 4 點能量點數，可以跟老師要終極獎勵：3200 經驗值與 3200 金幣。

表 9 治療師專屬的技能

技能	解鎖等級	技能內容
初級治療	等級 2 解鎖	消耗 1 點能量點數，可以讓一名隊友恢復 2 點生命點數。
小昇華	等級 5 解鎖	消耗 1 點能量點數，可以跟老師要小獎勵：500 經驗值與 500 金幣。
復活術	等級 9 解鎖	消耗 3 點能量點數，當一位隊友的生命點數被扣至 1 點時，使用此技能可以讓該隊友避免進行處罰判決，並且以 1 點生命點數的狀態復活。
大昇華	等級 13 解鎖	消耗 3 點能量點數，可以跟老師要大獎勵：1800 經驗值與 1800 金幣。
中級治療	等級 17 解鎖	消耗 2 點能量點數，可以讓一名隊友恢復 5 點生命點數。
療傷聖環	等級 23 解鎖	消耗 4 點能量點數，可以讓除了治療師的所有隊友恢復 3 點生命點數。
高級治療	等級 29 解鎖	消耗 3 點能量點數，可以讓一名隊友恢復 9 點生命點數。
終極昇華	等級 35 解鎖	消耗 4 點能量點數，可以跟老師要終極獎勵：3200 經驗值與 3200 金幣。

表 10 法師專屬的技能

技能	解鎖等級	技能內容
法力移轉	等級 2 解鎖	消耗 4 點能量點數，讓法師以外的所有隊友恢復 1 點能量點數。
小躍進	等級 5 解鎖	消耗 1 點能量點數，可以跟老師要小獎勵：500 經驗值與 500 金幣。
法力護盾	等級 9 解鎖	消耗 1 點能量點數，使用此技能的法師，可以抵消 1 點生命點數的傷害。
大躍進	等級 13 解鎖	消耗 3 點能量點數，可以跟老師要大獎勵：1800 經驗值與 1800 金幣。
死神改判	等級 17 解鎖	消耗 2 點能量點數，當一位隊友的生命點數被扣至 1 點時，使用此技能可以讓該隊友重新擲一次詛咒骰子，必須接受重新擲出來的結果。
全面躍進	等級 23 解鎖	消耗 2 點能量點數，全隊可以跟老師要小獎勵：500 經驗值與 500 金幣。
法力之泉	等級 29 解鎖	消耗 4 點能量點數，法師使用此技能，可以將一位法師以外的隊友的能量點數全部恢復。
終極躍進	等級 35 解鎖	消耗 4 點能量點數，可以跟老師要終極獎勵：3200 經驗值與 3200 金幣。

設定四：寵物

買齊同一個套裝系列的裝備，可以解鎖特定寵物。完成寵物訓練任務可以獲得金幣。

圖 31　寵物的截圖圖示

這些寵物能做什麼呢？有些學生覺得雖然只是裝飾用，但即使只是裝飾，也還是很棒。相反的，有些學生覺得只是裝飾用，就「很瞎」、「很沒用」，而感到失望。此時，要如何設定，就考驗老師。如果把寵物賦予規則，將遊戲設定得很複雜，對於老師來說是個很沈重而麻煩的負擔。但寵物完全沒功能，又可能讓某些人失望。到底要不要賦予功能，兩者之間，如何取得平衡，要看老師的取捨。

不玩 online game 的同學，可能會覺得老師如果沒有賦予寵物功能或特權，則這些寵物完全無用。可是，有在玩 online game 的同學，可能會習慣遊戲中有這些寵物，是很讚的。

在 Classcraft 遊戲化教學軟體裡面，這些寵物用途確實不大。這跟軟體功能是否強大有關。或許有一天，Classcraft 可以賦予寵物很多的功能也說不定。

如果老師要賦予寵物一些特別的價值，可以舉辦諸如寵物選美比賽，來讓同學們展示寵物，並被最棒的寵物一些特權或加分的鼓勵。這就能成功的將寵物的價值凸顯出來。

設定五：裝備

升至特定等級可以解鎖特定裝備，用金幣可以購買已解鎖的裝備，可以自由搭配已購買的裝備，以及已經受過訓練的寵物。

跟寵物一樣，這些裝備能做什麼呢？這是老師需要煩惱的事情。因為如果裝備完全沒有用途，只是裝飾用，學生將會感到失望。但如果設定很複雜，對於老師來說是個很沈重而麻煩的負擔。兩者之間，如何取得平衡，要看老師的取捨。

在 Classcraft 遊戲化教學軟體裡面，這些裝備的用途確實不大。這跟軟體功能是否強大有關。或許有一天，Classcraft 可以賦予裝備很多的功能也說不定。

如果老師要賦予裝備一些特別的價值，可以舉辦諸如裝備展示大賽，來讓同學們展示裝備，被給予裝備最棒的同學，一些特權或加分的鼓勵。這就能成功的將裝備的價值凸顯出來。

圖 32　裝備的截圖圖示

設定六：探險

　　探險是課前預習或是課後複習的關鍵。點選探險後，會進入這堂課的大地圖，大地圖中有幾個以章節設置的小地圖，小地圖中有許多任務等待同學們去摸索，完成任務會有經驗值與金幣等獎勵！

圖 33　開始探險的截圖圖示

　　這裡也是同學們完成課後複習測驗（或是課前預習測驗）的地方，老師會將測驗設成任務，放在「探險」中的地圖裡面，平時測驗可以用於計算學期成績，以可以設定成不連動到學習成績。但無論哪一種，都要提醒學生認真作答、準時繳交！

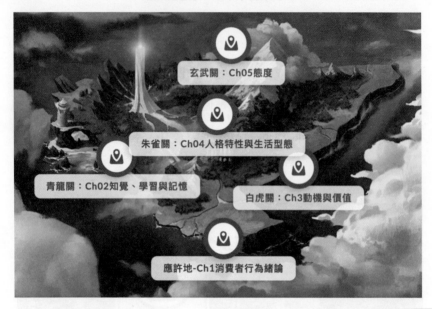

說明：這是另一門課程（消費者行為）所設定探險關卡的一部分

圖 34　探險關卡的截圖圖示

　　老師可以在探險中的各項任務，設定最後繳交期限，在最後繳交期限前提交作業就是準時完成作業，會有相對應的獎勵。另外，老師也可以設定提早繳交日期，以鼓勵同學積極做作業，在提早繳交日期前提交作業會有相對應的獎勵。

　　除了作業獎勵，完成任務關卡也會有獎勵。點選右上角的「遊戲紀錄」，可以看到獲得的獎勵。為了讓作業更有趣味，老

師可以為各個任務、作業，提供有趣的故事情節。當然，也可以不要有這些情節。

另外，點選上方的「討論」，可以在該任務留言、跟同學們進行討論。不是每個任務都會開放討論，通常不計算學期成績的任務會開放討論，要計算學期成績的任務（平時作業）不開放討論。

但這裡有一個盲點，就是學生可能會互通有無，流傳平時作業或考試的答案。這點，需要事先預防。具體做法之一，是要求學生不得分享平時作業解答，否則會扣學期成績。另一種做法是增加題目數，並讓問題隨機出現，即使學生已經將答案分享，但仍可假設學生至少達到了學習的效果。

並非每個探險歷程都需要綁定作業或考試，老師也可以設計不用交作業的任務，增加探險任務的多元性。

設定六：讚美話語

為了鼓勵良善美好的學習氛圍，可以設定同學讚美其他同學時，會得到的點數。同學可以利用「讚美話語」功能，公開讚美你想讚美的對象！

同學可以點選「傳送讚美話語」，選擇要讚美的對象和讚美話語的類型，以及編輯文字，還可以插入圖片、影片和連結，編輯完成後點選「提交」。

但為了避免同學隨意傳送不當言語，這個功能必須等待老師認可這份讚美後，這份讚美話語就會被貼到讚美話語牆上。

這種讚美話語，可用於同學上台報告後的評論。此一評論可以是正面的讚美，或是具有建設性的批評。

老師認可讚美話語後，傳送讚美話語的人與收到讚美的人都會收到獎勵。以本次課程為例，設定為：

傳送讚美話語：10 經驗值與 10 金幣。

收到讚美話語：20 經驗值與 20 金幣。

圖 35　讚美話語的截圖圖示

　　實際操作時，一開始，學生可能會因為感到新奇，而願意執行讚美話語這個功能。但實際執行時，執行一段時間之後，學生的新鮮感不再，有些學生就不願意在使用者這個功能了。如何確保這個功能持續被使用，是授課老師必須設法的。

設定七：與其他學生的互動

有些老師很樂於在 Facebook 或 LINE 加學生為好友。這樣的老師，其實不太需要 Classcraft 的這個互動功能。有些學生很願意加老師為 Facebook 或 LINE 好友，這些同學也不必使用此一功能。但如果老師或學生希望保有隱私，不願意課程與私人的人際關係混為一談，不願意加對方為好友，此時，Classcraft 的這個功能，就變得很有幫助了。

同學在學生頁面，可以查看其他同學遊玩的狀況。另外，老師也可用此系統，傳送訊息給學生。不過，要注意的是，並非所有學生都會認真地使用 Classcraft 系統，為了避免爭議，建議老師還是要用學校系統發送公告，而非只公佈於 Classcraft。

另外，同學也可以在傳送訊息頁面點選「老師」，傳訊息給老師或助教。如果老師會定期查閱訊息，才能讓學生使用，否則要告知學生，仍須以其他方式聯絡老師。或者告訴學生，在這裡只能聯絡到助教，沒辦法聯絡到老師。當然，也可以告訴學生，如果在使用 Classcraft 時有任何問題，歡迎用此功能詢問助教。

圖 36　Classcraft 可以讓老師直接與學生互動，無需使用 LINE 或 Facebook

提醒：非上課時間，也需要定期檢查一下是否有學生提出問題

　　採用 Classcraft 以支援遊戲化教學時，如果大量的採用課前預習或課後學習的功能，學生會在課後時間，會使用 Classcraft。但同學難免碰到問題，因此，老師就必須定期到 Classcraft 軟體來檢

查是否有學生提問。如果完全不理會學生的問題，只願意等到上課時間才處理，學生因為等待太久，將會失去熱誠。

但老師不可能隨時守在 Classcraft 軟體。因此，具體作法包括聘請助教來協助，如果沒有助教，也可以選擇小老師的方式，來請某一位同學複雜教導其他遇到操作困難的同學。或是，指定一個固定時間，專門處理使用 Classcraft 會碰到的問題。

為了避免課後遇到的操作問題太多，也可以在一開始導入 Classcraft 時，就利用課堂時間讓學生使用 Classcraft，在課堂內先把常見問題給搞定。另外，也可以製作 Q&A，把同學問過的問題整理下來，讓全班同學都可以看到。這樣就可以減少同一問題被重複詢問的情況。

參考文獻

除以下文獻外，作者在構思遊戲化教學時，參考了許多學術論文，但本書屬於推廣性質，為了避免本書過於生硬，盡量減少學術論文的引用。

[1] İ. Yıldırım and S. Şen, "The effects of gamification on students' academic achievement: A meta-analysis study," *Interactive Learning Environments,* pp. 1-18, 2019.

[2] S. Deterding, D. Dixon, R. Khaled, and L. Nacke, "From game design elements to gamefulness: defining" gamification"," in *Proceedings of the 15th international academic MindTrek conference: Envisioning future media environments*, 2011, pp. 9-15.

[3] S. Nicholson, "A User-Centered Theoretical Framework for Meaningful Gamification," presented at the Games+ Learning+ Society 8.0, Madison, WI, 2012.

[4] A. B. Eisingerich, A. Marchand, M. P. Fritze, and L. Dong, "Hook vs. hope: How to enhance customer engagement through

gamification," *International Journal of Research in Marketing,* vol. 36, no. 2, pp. 200-215, 2019.

[5] R. N. Landers, E. M. Auer, A. B. Collmus, and M. B. Armstrong, "Gamification science, its history and future: Definitions and a research agenda," *Simulation & Gaming,* vol. 49, no. 3, pp. 315-337, 2018.

[6] R. N. Landers, "Developing a theory of gamified learning: Linking serious games and gamification of learning," *Simulation & gaming,* vol. 45, no. 6, pp. 752-768, 2014.

[7] F. M. Kifetew *et al.,* "Gamifying collaborative prioritization: Does pointsification work?," in *2017 IEEE 25th International Requirements Engineering Conference (RE),* 2017: IEEE, pp. 322-331.

國家圖書館出版品預行編目資料

遊戲化教學：如何學習像玩 Game／汪志堅，張淑
楨，游語涵作. -- 初版. -- 新北市：全華圖書
股份有限公司, 2023.05
　　面；　　公分
ISBN 978-626-328-498-2(平裝)
　1.CST: 遊戲教學　2.CST: 教學法
521.4　　　　　　　　　　　　　　112008198

遊戲化教學：如何學習像玩 Game

作　　者／汪志堅、張淑楨、游語涵
發 行 人／汪志堅、張淑楨、游語涵
出 版 者／汪志堅、張淑楨、游語涵
地　　址／新北市三峽區大學路 151 號
電　　話／(02)86741111 #66894
初版一刷／2023 年 07 月
定　　價／新台幣 350 元
I S B N／978-626-328-498-2(平裝)

經 銷 商／全華圖書股份有限公司 總經銷
地　　址／23671 新北市土城區忠義路 21 號
電　　話／(02)2262-5666　傳　　真／(02)6637-3696
圖書編號／10534
全華網路書店／www.opentech.com.tw